महात्मा बुद्ध की कहानियाँ

महात्मा बुद्ध की कहानियाँ

भरतलाल शर्मा

 चिल्ड्रन बुक टेंपल
दिल्ली

प्रकाशक : चिल्ड्रन बुक टेंपल, सी-55, गणेश नगर, पांडव नगर, दिल्ली-110092
सर्वाधिकार : सुरक्षित / संस्करण : प्रथम, 2020
ISBN 978-81-89573-83-6

MAHATMA BUDDHA KI KAHANIYAN
by Bharat Lal Sharma
Published by Children Book Temple, C-55, Ganesh Nagar,
Pandav Nagar, Delhi-110092

भूमिका

श्रद्धेय भरतलाल शर्मा ऋषियों के ज्ञान को सरल एवं सुबोध शज्दों में जन-जन में प्रसारित कर रहे हैं। भरतलाल शर्मा स्वयं ईश्वरीय वातावरण में रहते हैं। भौतिक स्तर पर अब उनकी कोई कामना नहीं रह गई है। उनकी आवश्यकताएँ कम हैं। वे आत्म-संतुष्ट हैं और ईश्वरीय प्रेरणा पर ईश्वरीय ज्ञान को फैलाने में परम आनंद का अनुभव करते हैं।

भरतलाल शर्मा अपने देश के अनेक क्षेत्रों में गए हैं और उन्होंने अपने श्रोताओं को अपनी वाणी और ज्ञान से प्रभावित किया है। डॉक्टर शर्मा लंदन, हांगकांग, क्वालालमपुर, सिंगापुर आदि विदेशी महानगरों में भी गए हैं। वहाँ उन्होंने आध्यात्मिक जिज्ञासुओं को अपने उपदेश से आनंदित एवं आलोकित किया है। उन्हें आज भी अनेक स्थानों से उपदेशार्थ आमंत्रण प्राप्त हो रहे हैं। डॉ. शर्मा की अनेक पुस्तकें प्रकाशित हो चुकी हैं। उनका सर्वत्र स्वागत हुआ है।

'बुद्ध का ज्ञान' उनकी नवीनतम पुस्तक है। इसमें ईश्वरीय मार्ग पर चलने की प्रेरणा और प्रकाश है। मेरा निश्चित मत है कि यह पुस्तक अपने पाठकों को उपयोगी एवं आलोकपूर्ण लगेगी। डॉ. शर्मा का जीवन, वाणी और साहित्य बहुत मूल्यवान एवं महज्वपूर्ण हैं। उनमें लोकमंगल का भाव निहित है।

डॉ. शर्मा के प्रति मेरी शुभकामनाएँ और प्रणाम!

—**जगदीश तोमर**
अध्यक्ष, विवेकानंद केंद्र, ग्वालियर (म.प्र.)
निदेशक, प्रेमचंद सृजन पीठ, उज्जैन (म.प्र.)

परमार्थ समर्पित व्यक्तित्व

भरतलाल शर्मा मूलत: चिकित्सक हैं। उन्होंने सहस्त्रों जनों की अस्वस्थता दूर करके उन्हें आरोग्यता प्रदान करके उन्हें नवजीवन दिया है। आज वे भौतिक दृष्टि से पीड़ित मानवता को ज्ञान एवं भक्ति का मंगल संदेश दे रहे हैं। भरतलाल शर्माजी ने स्वदेश एवं देश के बाहर एशिया और यूरोपीय देशों में अपने प्रवचनों से एक बड़े मानव समुदाय को प्रभावित तथा लाभान्वित किया है। उनके प्रेमी-प्रशंसकों का एक बड़ा वर्ग उनके पीछे है और वे सहज ही उनके मित्र एवं मार्गदर्शक बन गए हैं।

भरतलालजी की अनेक पुस्तकें प्रकाशित हो चुकी हैं। उनमें उनके प्रेरक प्रवचन संकलित हैं। उनकी वे कृतियाँ अपने ज्ञान-गांभीर्य एवं सुबोधता के कारण अत्यंत लोकप्रिय भी हुई हैं।

'बुद्ध का ज्ञान' उनकी नई पुस्तक है। यह अपने में आध्यात्मिकता का स्निग्ध आलोक समेटे हुए है। इसे पढ़कर सामान्य जन भी लाभ प्राप्त करेंगे तथा आत्मज्ञान एवं परमार्थ की ओर प्रवृज्ञ होंगे। भरतलाल शर्मा जिस समर्पण एवं भक्तिभाव के साथ ज्ञान-प्रसार में संलग्न हैं, वह वस्तुत: प्रशंसनीय है। मेरा विश्वास है कि वे अपने प्रवचनों एवं पुस्तकों से क्षुधित, तृषित एवं विपन्न मानवता को मुक्ति एवं आनंद का नैवेद्य आजीवन भेंट करते रहेंगे।

मैं उन्हें अपनी शत-शत शुभकामनाएँ भेंट करता हूँ।

ईश्वराधीन,

—स्वामी स्वरूपानंद
रामकृष्ण आश्रम, ग्वालियर-474001

लेखक की ओर से

मेरे जीवन में माता-पिता, संत-महात्माओं, गुरु और ईश्वर का आशीर्वाद सदा बना रहा। छह वर्ष की आयु से गायत्री मंत्र का जाप और दस वर्ष की आयु से हनुमान-चालीसा का पाठ निरंतर चल रहा है। बीस वर्ष की आयु में 'आत्म-ज्ञान' की प्राप्ति हुई। 'आत्म-दर्शन' से असीम आनंद का अनुभव हुआ।

परमात्मा की कृपा से आदेश हुआ कि जिस अखंड-आनंद की तुम अनुभूति कर रहे हो, उसको जन-जन तक पहुँचाओ। प्रभु कृपा से मेरी प्रथम पुस्तक 'ज्ञान से मुक्ति' सन् 1975 में प्रकाशित हुई थी। आज मेरी पचासवीं पुस्तक 'सत्संग से प्रभु प्राप्ति' प्रकाशित हो रही है। आजकल मेरी आयु लगभग सत्तर वर्ष की है।

आशा है कि मेरा यह संकलन 'बुद्ध का ज्ञान' आपको पसंद आएगा।

—भरतलाल शर्मा

निवास :
आनंद भवन, जगन गली, माधवगंज,
लश्कर, ग्वालियर पिन-474001, (म.प्र.), भारत
फोन : 0751-2336095, 0751-2429475

अनुक्रम

भूमिका	5
परमार्थ समर्पित व्यक्तित्व	7
लेखक की ओर से	9

1. बुद्ध का ज्ञान — 15
2. बुद्ध का उपदेश — 19
3. अहिंसा परमो धर्मः — 21
4. बुद्ध की प्रेरणा — 23
5. बुद्ध का ग्रंथ — 24
6. बुद्ध का उज़्र — 25
7. बुद्ध ने समझाया — 26
8. बुद्ध का शिष्य — 27
9. बुद्ध की सहनशीलता — 28
10. बुद्ध और अंगुलिमाल — 29
11. बुद्ध की मूर्ति — 30
12. बुद्ध और राजकुमार — 32
13. उपदेश से कर्म श्रेष्ठ है — 34
14. बुद्ध का आशीर्वाद — 35
15. बुद्ध का प्रेम — 37
16. बुद्ध और आम्रपाली — 38
17. बुद्ध का आदेश — 40
18. सच्चा समर्पण — 42
19. बुद्ध की दृष्टि — 43
20. एक भिक्षु और ब्राह्मण — 45
21. ज्ञान और कर्म — 46
22. बुद्ध की शिक्षा — 47
23. बुद्ध ने जूठा आम खाया — 48
24. क्रोध के सामने शांत-भाव रखें — 49
25. बुद्ध ने सेवा का संदेश दिया — 50
26. जब बुद्ध महात्मा बन गए — 51
27. व्यक्ति कर्म से महान् बनता है — 52

#	विषय	पृष्ठ
28.	जीवन का संतुलन आवश्यक है	53
29.	मैं आत्म-विजय का पथिक हूँ	54
30.	कौन-कौन मोक्ष चाहता है ?	55
31.	बुद्ध ने आनंद को नियुक्त किया	56
32.	एक भिक्षु ने राजा को ज्ञान दिया	57
33.	आत्म-साक्षात्कार आवश्यक है	58
34.	बुद्ध का समत्व भाव	59
35.	बुद्ध पुनः साधना में लग गए	60
36.	बुद्ध से यक्ष ने क्षमा माँगी	62
37.	एक क्रोधी ने बौद्ध धर्म अपनाया	63
38.	बौद्ध भिक्षु और विशाखा	64
39.	ज्ञान को सावधानी से सुनना चाहिए	65
40.	बुद्ध ने संयम सिखाया	66
41.	सिद्धार्थ ने मौन का महत्त्व समझाया	67
42.	बुद्ध का आत्म-नियंत्रण	68
43.	सम्राट् अशोक और बुद्ध	70
44.	सदैव अपनी आँखें खुली रखो	71
45.	बुद्ध की एकाग्रता	72
46.	बुद्ध का भिक्षु और वासवदंता	74
47.	बुद्ध ने सेठ को ज्ञान दिया	77
48.	बुद्ध और अछूत लड़की	78
49.	फटेहाल व्यक्ति को सुखी बताया	79
50.	शिष्य को धैर्य सिखाया	81
51.	मानव का धर्म है 'विवेकी' बनना	82
52.	शिष्य को अनूठी सीख दी	83
53.	बुद्ध ने मिठाई खाई	85

54. बुद्ध का शिष्य अनाथ पिंडक	86
55. बुद्ध का वैराग्य	89
56. बुद्ध ने सुभद्र को शिक्षा दी	91
57. अनमोल वचन	93
58. बुद्ध का आत्म-साक्षात्कार	95
59. बौद्ध धर्म	106
60. त्रिपिटकों का संकलन	108
61. प्रतीत्य समुत्पाद	110
62. बौद्ध धर्म में कर्म	112
63. बौद्ध धर्म में निर्वाण	116
64. बौद्ध धर्म में आत्मा	117
65. बौद्ध धर्म का दर्शन	118
66. बौद्ध धर्म में भक्ति	121
67. बौद्ध धर्म के पर्व	123
68. धज़्मपद	125
69. बुद्ध ने कहा-सबका हित करो	137
70. बुद्ध ने युवक को सत्संग का महत्त्व समझाया	138
71. बुद्ध की शिक्षा से मेहनत सफल हुई	140
72. बुद्ध के ज्ञान से सेठ ने पाया सुख	141
73. बुद्ध की शिक्षा से गाँव का उद्धार हुआ	142
74. महात्मा बुद्ध ने दोनों भाइयों को सुधारा	143
75. सेठ ने बुद्ध से जाना सच्चा संपन्न होना	144
76. राजकुमार ने जानी कर्म की महज़ा	146
77. परमात्मा समभाव में घटी अनुभूति	147
78. बुद्ध ने बताया शांति पाने का उपाय	148
79. दान में नहीं होना चाहिए अहंकार	150
80. अशोक सिद्ध हुए सच्चे उज़राधिकारी	151
81. ज्ञान की सार्थकता	153
82. सज्यक्-ज्ञान	154
83. मौन रहने का महज्व	156

84. बुद्ध ने संयम सिखाया 157	90. दुनिया के अंत से परमेश्वर का आरंभ 167
85. सत्य की प्राप्ति में ही स्थायी सुख है 158	91. बुद्ध ने दिखाया तथागत होने का मार्ग 168
86. अशोक के भीतर का इनसान जाग उठा 160	92. गौतम बुद्ध का ज्ञान 169
87. गौतम बुद्ध ने दी प्रेम में संयम की सीख 162	93. बुद्ध ने बताया जीवन का सही अर्थ 170
88. गौतम बुद्ध ने दिया एकता का संदेश 163	94. भगवान् बुद्ध ने गाँववालों को उपदेश दिया 171
89. जीवनहंता पराजित हुआ जीवनदाता से 165	95. बौद्ध-भिक्षुओं की जिज्ञासा 175

बुद्ध का ज्ञान

राजा के यहाँ बुद्ध का जन्म हुआ। पिता ने ज्योतिषियों को बुलाकर भविष्य पूछा। उन्होंने कहा, "या तो यह सम्राट् होगा और या तो यह साधु होगा।" एक तरह से देखा जाए तो सच्चा सम्राट् भीतर से साधु ही होता है। जब ज्योतिषियों की भविष्यवाणी राजा ने सुनी तो वे घबरा गए कि मेरा बेटा साधु हो जाए, ऐसा ठीक नहीं होगा। राजा ने पूछा, "कोई उपाय बताएँ, क्योंकि मैं चाहता हूँ कि राजा का पुत्र राजा ही बने।" ज्योतिषियों ने कहा कि इसका लालन-पालन व पूरा जीवन बड़ी सावधानी में बिताना होगा। अर्थात् आपका पुत्र सिद्धार्थ कभी किसी बूढ़े व्यक्ति को न देखे, कभी किसी बीमार व्यक्ति को न देखे और कभी किसी मरे हुए व्यक्ति को न देखे। जब तक ऐसा होगा तब तक वे राजा ही बने रहेंगे, अगर ऐसा नहीं हुआ तो वे साधु बन जाएँगे।

राजा शुद्धोधन ने अपने पुत्र सिद्धार्थ के लिए बढ़िया-से-बढ़िया, बड़े-बड़े महल, अच्छे-से-अच्छा भोजन, दास-दासियाँ और खाने-पीने के सामान आदि वस्तुओं के ढेर लगा दिए। पिता ने पुत्र को सुख-सुविधाओं में इतना उलझा दिया कि उसे बाहर का संसार याद ही नहीं आया। शुद्धोधन ने समझ लिया कि अब इतने सुखों के आगे साधु बनने का प्रश्न ही उपस्थित नहीं होता। वे निश्चिंत हो गए।

राजा शुद्धोधन ने बिल्कुल पक्की व्यवस्था कर रखी थी कि उनका पुत्र सिद्धार्थ जीवन में कभी भी वृद्ध, बीमार और मृतक व्यक्ति को देख न सके, क्योंकि वे अपने पुत्र को खोना नहीं चाहते थे। सिद्धार्थ का जीवन

ऐश्वर्य और सुख-सुविधाओं में बीत रहा था। उनके जवान होने पर एक सुंदर कन्या यशोधरा से उनका विवाह हो गया। विवाह हो जाने पर शुद्धोधन की आधी चिंता मिट गई, अब तो शादी हो गई, अब कहाँ जाएगा? अब तो मेरा पुत्र बंधन में बँध गया है। अब उसके कहीं जाने का सवाल ही नहीं उठता।

एक वर्ष बाद बेटे का भी जन्म हो गया। उसका नाम राहुल रखा गया। अब राजा शुद्धोधन को बिल्कुल पक्का विश्वास हो गया कि अब यह कहीं नहीं जा सकता। एक दिन सिद्धार्थ ने कहा कि पिताजी! आज तक मैंने कभी अपनी राजधानी नहीं देखी। आपकी आज्ञा हो तो आज देख आऊँ। राजा ने कहा, ''हाँ-हाँ, अवश्य जाओ, अपना शहर देखकर आओ।'' एक सारथी को भी साथ में भेजा गया कि जाओ राजकुमार को राजधानी घुमा-फिराकर लाओ। फिर भी राजा ने चाक-चौबंद इंतजाम कर रखा था कि कहीं चूक न हो जाए।

सिद्धार्थ के लिए राजधानी के प्रमुख मार्ग खूब सजाए गए थे, पर घूमते-घूमते सिद्धार्थ ने थोड़ा उलटा मार्ग ले लिया। वे उस मार्ग से गुजरने लगे, जहाँ पर तैयारी नहीं थी और आज उनको बहुत आश्चर्य हुआ, जब पहली बार उन्होंने एक बूढ़े आदमी को देखा, कमर झुकी हुई, पूरी चमड़ी में झुरियाँ पड़ी थीं। वह परेशानी और दु:ख से बेहाल था। उसकी चाल बहुत धीमी थी। बूढ़े की झुकी हुई कमर को देखकर सिद्धार्थ को एक झटका लगा और सारथी से उन्होंने पूछा, ''क्या एक दिन मैं भी बूढ़ा हो जाऊँगा?''

सारथी ने कहा, ''हाँ राजकुमार! हर व्यक्ति के जीवन में तीन अवस्थाएँ आती हैं—बचपन, जवानी और बुढ़ापा। एक दिन तुम भी बुढ़ापे की अवस्था में जाओगे। हे राजकुमार! यह संसार का नियम है। चाहे गरीब हो या अमीर, सबका शरीर शिथिल अर्थात् बूढ़ा होता है।''

राजकुमार सोच में पड़ गया। सारथी ने रथ को आगे बढ़ाया तो कुछ दूरी पर एक बीमार व्यक्ति मिला, जो रोगों से घिरा हुआ था। उस पीड़ित

व्यक्ति को देखकर राजकुमार का मन बहुत ही दुःखी हुआ। राजकुमार ने पूछा, ''इसको क्या हुआ है?'' सारथी ने कहा, ''यह व्यक्ति बीमार है, इसलिए यह कराह रहा है। इस संसार में दुःख और सुख दोनों हैं। यह अपने-अपने भाग्य की बात है कि कोई दुःखी है और कोई सुखी है।'' ''क्या मैं भी कभी बीमार हो सकता हूँ?'' सारथी ने कहा, ''आप यह विचार अभी छोड़ दें। समय बड़ा बलवान होता है। ये सारी बातें कर्मों पर निर्भर करती हैं।''

चाहे राजा हो या रंक, सुख-दुःख सब पर आते हैं। अगर शरीर में कोई रोग आना है तो वह आएगा। यह सब सुनकर राजकुमार सोच में पड़ गया। सारथी ने रथ को कुछ आगे बढ़ाया तो सामने से चार कंधों के ऊपर एक अरथी को जाते हुए देखा। राजकुमार ने ऐसा पहली बार देखा था। उसने सारथी से पूछा, ''यह क्या है?'' ''यह आदमी मर गया है। यह मुरदा है। जो व्यक्ति मर जाता है, उसको बाँधकर श्मशान भूमि में ले जाते हैं। फिर वहाँ पर उसे जला दिया जाता है।''

राजकुमार ने कहा, ''क्या सबको मरना पड़ता है?'' ''हाँ, सबको मरना पड़ता है। यह मृत्युलोक है। जो जन्म लेता है, उसे कभी-न-कभी अवश्य ही मरना पड़ता है।'' ''तो इसका मतलब यह हुआ कि ठीक इसी तरह से एक दिन मुझे भी मरना होगा, मेरी देह भी मुर्दा होगी और मुझको भी चार कंधों पर उठाकर ले जाया जाएगा। मुझको भी ऐसे ही रस्सियों से बाँधा जाएगा। मेरे भी आगे-पीछे घर के सदस्य रोएँगे-तड़पेंगे और जिस संसार को मैंने इकट्ठा किया है, वह सारा-का-सारा मुझ से छूट जाएगा। इसका मतलब यह हुआ कि क्या एक दिन मैं भी मर जाऊँगा? क्या एक दिन यशोधरा भी मर जाएगी? क्या एक दिन मेरा राहुल भी मर जाएगा?'' सारथी ने कहा, ''हाँ, राजकुमार! एक दिन मैं भी मरूँगा, आप भी मरेंगे, यशोधरा भी मरेंगी और राहुल भी मरेगा, क्योंकि यह सब मरने के लिए ही पैदा होते हैं।''

उस रात सिद्धार्थ सो न सके, सोचने लगे कि क्या संसार में इतना दु:ख है, रोग है, बुढ़ापा है, और ऐसे में मैं खा-पीकर कैसे जी सकता हूँ? नहीं-नहीं, ऐसा मुझसे नहीं हो सकता। मुझे खोजना होगा उस तज्व को जो दु:ख, पीड़ा और शोक से रहित हो, जो भय, भ्रम और भूल से परे हो, जो अनंत आनंद से भरा हो। जिसे पाकर फिर और कुछ पाने की इच्छा न हो।

सिद्धार्थ वैराग्य के शिखर तक पहुँच चुके थे। बस उसी रात को उन्होंने घर छोड़ दिया। सारथी से कहा कि नगर की सीमा से दूर ले चलो। नगर के बाहर पहुँचकर सारथी को लौटा दिया। फिर, कई दिनों तक वन में चलते गए। एक घने पीपल के वृक्ष के नीचे आसन लगाकर ध्यान में लीन हो गए।

☐

बुद्ध का उपदेश

एक बार प्रदेश में अकाल पड़ा। यह देखकर गौतम बुद्ध को बड़ा दु:ख हुआ। उन्होंने लोगों से कहा कि बहुत से लोग अन्न और वस्त्र के लिए तरस रहे हैं। उनकी सहायता करना हर मनुष्य का धर्म है। आप लोगों से जो कुछ बने, वह दान करें। बुद्ध का उपदेश सुनकर सब लोग बिना दिए अपने-अपने घर चले गए। एक गरीब व्यक्ति बैठा ही रहा। उसने सोचा कि मेरे पास तो ये वस्त्र हैं। अगर मैं इन्हें उतारकर दे दूँगा तो नंगा हो जाऊँगा। उसने फिर से सोचा कि मनुष्य बिना वस्त्र के पैदा होता है और बिना वस्त्र के ही चला जाता है। न जाने कितने साधु-संन्यासी बिना वस्त्र के रहते हैं। फिर मैं बिना वस्त्र के क्यों नहीं रह सकता? उसने अपने वस्त्र उतारकर बुद्ध को दे दिए। भगवान् बुद्ध ने उसे आशीर्वाद दिया। वह प्रसन्न होकर घर की ओर चल पड़ा। वह खुशी से चिल्लाकर कह रहा था, ''मैंने अपने आधे मन को जीत लिया है।'' तभी सामने से राजा की सवारी आ रही थी। उस गरीब की बात सुनकर राजा ने उसे अपने पास बुलाया और पूछा कि तुमने आधे मन को कैसे जीता है? उस गरीब ने कहा कि भगवान् बुद्ध दु:खियों के लिए दान माँग रहे थे। यह सुनकर मैंने अपने वस्त्र उतार दिए। पहले तो मेरे मन ने इनकार किया। फिर मैंने उसे समझाया कि मनुष्य बिना वस्त्र के पैदा होता है और मृत्यु होने पर साथ में कुछ भी नहीं जाता। राजा उसकी बात से बड़ा प्रसन्न हुआ। उसने मोतियों का हार और कीमती वस्त्र उसे दिए। उसने वह सब ले जाकर भगवान् बुद्ध के चरणों में रख

दिए। बुद्ध ने उसे हृदय से लगाते हुए कहा, ''जो दूसरों के लिए अपना सबकुछ दे देता है, उसकी बराबरी कोई नहीं कर सकता।''

दाता दाता चले गए, रह गए अब कंजूस।
दान मान समझे नहीं, लड़ने को तजबूत॥

अहिंसा परमो धर्मः

भगवान् बुद्ध ने बताया कि सही मार्ग न तो भोग का है, न कठिन साधना का है। एक बार गौतम बुद्ध ने देखा कि सामने से भेड़-बकरियों का एक झुंड निकल रहा है। चरवाहा इस झुंड को कठिनता से घेर रहा था। बुद्ध ने कहा, ''अरे, क्या कठिनाई है?''

चरवाहे ने कहा, ''भगवान्! मेरे इस झुंड में एक लँगड़ा मेमना है। वह अन्य पशुओं के साथ कठिनाई से आगे बढ़ रहा है।'' बुद्ध ने प्रेमपूर्वक पूछा, ''इस भरी दोपहरी में इन भेड़-बकरियों को घेरकर तुम कहाँ ले जा रहे हो?'' चरवाहे ने उज़र दिया, ''मुझे राजा की आज्ञा मिली है कि आज सायंकाल राजा यज्ञ करा रहे हैं, उसमें बलि के लिए एक सौ भेड़-बकरियों की आवश्यकता है। अतः इनको वहाँ पहुँचाने जा रहा हूँ।'' बुद्ध ने कहा, ''चलो, मैं भी तुझारे साथ चलता हूँ।'' उन्होंने लँगड़े मेमने को कंधे पर बिठा लिया और दोनों साथ-साथ चल पड़े। जब वे नगर में घुसे तो लोगों ने देखा कि बुद्ध अपने कंधे पर एक मेमने को रखकर चले आ रहे हैं। कुछ लोग उन्हें जानते थे और कुछ नहीं भी जानते थे, पर उनके बारे में सुन रखा था।

लोग बोले, ''देखो, यह वे तपस्वी जा रहे हैं, जो सामने पहाड़ी पर रहते हैं। कैसे शांति के अवतार हैं?'' वे दोनों यज्ञस्थल पर पहुँचे। राजसेवकों ने भेड़-बकरियों को गिना, पर जैसे ही वधस्थल पर नियुक्त व्यक्ति पशु की गरदन काटने को उद्यत हुआ, बुद्ध ने कहा, ''राजन्! वधकर्ता को खड्ग मत चलाने दो। पहले वह मेरी गरदन पर खड्ग चलाए। हे राजन्!

पशुओं को छोड़ दो।'' वह राजा भगवान् बुद्ध के आगे नतमस्तक हो गया, उसने बलि के लिए मँगवाए सभी पशुओं को छोड़ दिया और इस प्रकार उस राज्य से हिंसा का हमेशा-हमेशा के लिए नामोनिशान मिट गया।

☐

बुद्ध की प्रेरणा

भगवान् बुद्ध के जीवन में एक घटना हुई। वे चचेरे भाई देवदज़ के साथ बगीचे में घूम रहे थे। उन्हें एक हंस उड़ता हुआ दिखा। तभी देवदज़ ने अपने एक बाण से निशाना साधा और हंस लहूलुहान हो जमीन पर आ गिरा। बुद्ध ने दौड़कर हंस को उठा लिया, बाण निकालकर उसकी मरहम-पट्टी की। बुद्ध घायल हंस की सेवा कर रहे थे। देवदज़ आया और हंस पर अपना अधिकार जताने लगा। बुद्ध के मना कर देने पर विवाद हुआ और दोनों राजा शुद्धोधन के पास पहुँचे।

उन्होंने दोनों की बातें सुनीं और निर्णय दिया, "प्राण लेनेवाले से प्राण बचाने वाला बड़ा होता है। इसलिए हंस पर बुद्ध का ही अधिकार है।"

मानव-समाज को शांति की ओर बढ़ाना पड़ेगा। व्यर्थ के तर्कों से बाहर निकलने में ही उसकी भलाई है। जब तक मन में स्वार्थ है, तब तक मानव सुखी नहीं हो सकता। अधिकार और कर्तव्य की परिभाषा को बड़ी सूक्ष्मता से समझने की जरूरत है।

◻

बुद्ध का ग्रंथ

भगवान् बुद्ध के उपदेशों का जापानी भाषा में पहले अनुवाद हुआ था। अनुवाद तो हो गया, किंतु वह छपे कैसे? उस समय कोई भी धनी व्यक्ति इस ओर ध्यान नहीं दे रहा था। अंत में एक निर्धन बौद्ध भिक्षु ने यह काम पूरा करने का निश्चय किया। उसने लोगों से एक-एक रुपया माँगना प्रारंभ कर दिया। इस प्रकार, उसके पास दस हजार रुपए हो गए। ग्रंथ छपने के लिए इतना ही धन चाहिए था। अचानक जापान के उस प्रदेश में अकाल पड़ गया। मनुष्य और पशु-पक्षी अनाज के लिए व्याकुल होकर भटकने लगे। उस भिक्षु ने दस हजार रुपए अकाल पीड़ितों की सेवा में लगा दिया।

अनेक लोगों ने कहा, "यह तुमने क्या किया? अब ग्रंथ कैसे छपेगा?" बौद्ध भिक्षु चुप रहा। अकाल समाप्त होने पर उसने फिर से चंदा माँगना शुरू किया। उसने फिर दस हजार रुपए इकट्ठे कर लिये, किंतु फिर तभी उस प्रदेश में जोरदार भूकंप आ गया। उस भिक्षु ने फिर उन रुपयों को भूकंप पीड़ितों की सहायतार्थ खर्च कर दिया।

तब लोगों ने कहा कि भिक्षु पागल हो गया है। भिक्षु वृद्ध हो गया था। उसने फिर चंदा माँगने का कार्य शुरू किया। इस बार फिर उसने दस हजार रुपए एकत्र कर लिये। सौभाग्यवश इस बार कोई विपज़ि नहीं आई। उसने ग्रंथ छपवाया। ग्रंथ के मुखपृष्ठ पर छपा था, 'तृतीय संस्करण'। उसने नीचे छापा था कि इस ग्रंथ के पहले संस्करण अहुत अच्छे थे।

□

बुद्ध का उत्तर

साधना के मार्ग को सभी धर्मों में दुष्कर माना गया है। एक अच्छा साधक ऐसे गुणों से युक्त होता है, जो आत्मज्ञान के प्रकाश से दूसरों को भी आलोकित करता है। एक बार महात्मा बुद्ध से उनके एक शिष्य ने प्रश्न किया, ''भगवान्, श्रेष्ठ साधक के क्या लक्षण होते हैं?'' तथागत ने प्रश्न का इस प्रकार उज़र दिया, ''चूहे चार प्रकार के होते हैं। एक वे, जो स्वयं खोदकर बिल बनाते हैं, लेकिन उसमें रहते नहीं। दूसरे वे, जो बिल में रहते हैं, पर स्वयं नहीं खोदते। तीसरे वे, जो स्वयं बिल बनाते भी हैं, और उसमें रहते भी हैं। चौथे वे, जो न तो बिल बनाते हैं और न ही बिल में रहते हैं।

''इसी प्रकार साधक भी चार भागों में बाँटे जा सकते हैं। एक वे, जो शास्त्र पढ़ते हैं, पर जो शास्त्रज्ञान भी प्राप्त करते हैं और सत्य का अनुभव भी। चौथे वे, जो न तो शास्त्र का अज्यास करते हैं और न सत्य का आचरण ही। अब तुम ही निर्णय करो कि श्रेष्ठ साधक कौन हैं?''

बुद्ध ने समझाया

एक लड़का बहुत चतुर था। उसने बहुत सी कलाएँ सीखीं। उसे तीर चलाना आ गया, वह नाव खेने लगा और बढ़िया से बढ़िया मकान बनाना सीख गया। उसके बाद वह घर लौटा। बड़े घमंड से वह लोगों से कहता, "इस दुनिया में मेरे मुकाबले का कोई नहीं है, मैं सबकुछ जानता हूँ।" गौतम बुद्ध ने यह देखा तो सोचा, इसे शिक्षा देनी चाहिए। उन्होंने एक बूढ़े का रूप बनाया और हाथ में भिक्षापात्र लेकर उसके पास गए। लड़के ने पूछा, "तुम कौन हो?" बुद्ध ने कहा, "मैं अपने मन को वश में रखनेवाला एक आदमी हूँ।" उनकी बात लड़के को समझ में नहीं आई। उसने कहा, "आपका मतलब?" बुद्ध बोले, "कोई आदमी तीर चलाना जानता है, कोई नाव खेना जानता है, कोई घर बनाना जानता है, लेकिन ज्ञानी आदमी अपने ऊपर शासन करना जानता है।" लड़का बुद्ध के इतने कहने पर भी कुछ न समझ सका, उनसे फिर पूछा, "अपने ऊपर शासन करना क्या होता है?" बुद्ध ने कहा, "अगर कोई उसकी प्रशंसा करे, तो वह खुशी से नहीं फूलता, निंदा करे तो दुःखी नहीं होता। इस तरह उसका मन उसके वश में रहता है। ऐसा आदमी किसी चीज या हुनर का अभिमान नहीं करता।" बुद्ध की बात का उस लड़के पर ऐसा असर हुआ कि उस दिन से उसने डींग हाँकना बंद कर दिया।

☐

बुद्ध का शिष्य

महाभारत में बताया गया है कि भीष्म पितामह को इच्छा-मृत्यु का वरदान प्राप्त था, अर्थात् वे स्वयं जब तक मृत्यु का आह्वान न करें, काल उनके पास भी नहीं फटक सकता था। इसी तरह अमरता को लेकर अनेक कथाएँ प्रचलित हैं। महात्मा बुद्ध अपने शिष्यों के साथ भिक्षाटन पर जा रहे थे। रास्ते में शिष्यों ने एक पौधे की तरफ इशारा करते हुए पूछा, "भंते! इस पौधे की उम्र क्या है?" बुद्ध ने बताया कि यह अमर वृक्ष है, इसकी उम्र अंतहीन है। तभी एक शिष्य ने उस वृक्ष को जड़ से उखाड़ फेंक दिया और बुद्ध से बोला, "गुरुवर! मैंने उसे एक ही पल में उखाड़कर समाप्त कर दिया।" बुद्ध मुसकराए और निश्शब्द आगे बढ़ गए। महीनों बाद जब चातुर्मास बिताकर वे उसी रास्ते से लौटे तो सभी ने उस पौधे को वापस हरा-भरा देखा। वृक्ष को उखाड़ने वाले शिष्य ने पूछा, "तथागत, आपको इस पौधे की अनश्वरता का कैसे पता चला?" बुद्ध ने उज़र दिया, मैं इस नन्हे से पौधे की अनंत जिजीविषा को जानता था। यह जीवन और अमरता की पहली शर्त है, जिसमें यह भावना है, वही जीवन को दीर्घ बना सकता है।

बुद्ध की सहनशीलता

गौतम बुद्ध सत्य, अहिंसा और सहिष्णुता की प्रतिमूर्ति थे। इन्हीं सद्गुणों का उपदेश वे घूम-घूमकर देते और लोगों से इन्हें अपनाने का आग्रह करते। एक दिन वे किसी गाँव में पहुँचे। वहाँ कुछ ऐसे अज्ञानी लोग थे, जो बुद्ध के विरोधी थे। वे बुद्ध को अपशज्द कहने लगे। यह देखकर बुद्ध के शिष्यों को बहुत बुरा लगा। उन्होंने बुद्ध से इसका विरोध करने का आग्रह किया तो बुद्ध ने उन्हें समझाया कि ये लोग तो अपशज्द ही कह रहे हैं। यदि ये पत्थर भी मार रहे होते तो भी मैं कहता कि मारने दो। मैं जानता हूँ कि ये कुछ कहना चाहते हैं, लेकिन क्रोध के कारण कह नहीं पा रहे। दस साल पूर्व यदि ये ही लोग मुझे गाली देते तो मैं भी इन्हें गाली देता। किंतु अब तो लेन-देन से मुक्ति मिल गई है। क्रोध से अपशज्द निकलते हैं। यहाँ तो क्रोध-भवन कब का ढह चुका है। बुद्ध के विचार सुनकर अपशज्द कहने वाले हैरान रह गए। बुद्ध ने आगे अपने शिष्यों से कहा, ''इन लोगों को बताओ कि पिछले गाँव में क्या हुआ था? शिष्यों ने बताया, ''वहाँ के लोग फल व मिठाइयाँ लेकर आए थे और आप ने यह कहकर वे चीजें लौटा दीं कि अब लेने वाला विदा हो चुका है। दस साल पहले आते तो मैं ये सभी उपहार ले लेता।'' बुद्ध बोले, ''उन लोगों ने मिठाइयाँ गाँव में बाँट दीं, लेकिन आप ये अपशज्द गाँव में न बाँटे। आप मुझे क्रोध नहीं दिला सकते। ठीक उस खूँटी की तरह, जो किसी को नहीं टाँगती, लोग उस पर वस्त्र अवश्य टाँग देते हैं।''

कथा का सार यह है कि साक्षी भाव सच्चे संत की पहचान है। जो अच्छे-बुरे, लाभ-हानि, अपना-पराया के संकीर्ण भाव से मुक्त हो जाता है, उसे ही संतत्व की प्राप्ति होती है।

बुद्ध और अंगुलिमाल

अंगुलिमाल कुख्यात लुटेरा और हत्यारा था। जो भी सामने आ जाता, उसे ही लूट लेता या यदि सामनेवाला ना-नुकर करता तो उसकी तलवार उसका गला नापने को तैयार रहती थी। माला में पिरोने के लिए वह अपने शिकार अधिकांश लोगों के हाथों की अंगुलियाँ काट लेता था। वह अपने गले में अंगुलियों की माला पहनाता था, इसीलिए उसका नाम अंगुलिमाल पड़ा।

एक दिन महात्मा बुद्ध घने जंगल से होकर कहीं जा रहे थे। दूर से अंगुलिमाल ने उन्हें देख लिया। वह आनन-फानन में जा पहुँचा, उनके पास आकर बोला, ''साधु, जो कुछ भी तुझ्हारे पास हो, उसे निकाल दो अन्यथा तुझ्हारी जान की खैर नहीं।'' अंगुलिमाल की बात सुनकर बुद्ध मुसकराए और उसकी आँखों में गहराई से झाँककर बोले, ''वत्स, मेरे पास दया और क्षमा जैसे रत्नों का भारी भंडार है। वह तुझ्हें सौंपता हूँ। झगड़े की क्या जरूरत है?'' बुद्ध का इतना कहना था कि मानो जादू हो गया। अंगुलिमाल अपनी तलवार दूर फेंककर बुद्ध के चरणों में झुक गया और बोला, ''धन्य हो महात्मन्, आज मैं मालामाल हो गया।'' यही कुख्यात लुटेरा अंगुलिमाल बौद्धभिक्षु बन गया।

◻

बुद्ध की मूर्ति

चीन के चांग चू नामक प्रदेश में एक मठ था, जहाँ के महंत काफी ज्ञानी और कर्मठ थे। एक दिन उन्होंने अपने शिष्यों को बुलाकर मठ के लिए भगवान् बुद्ध की एक मूर्ति बनवाने की इच्छा प्रकट की। महंत बोले, ''इस कार्य के लिए आप घर-घर जाकर धन संग्रह कीजिए। किसी से बलपूर्वक धन मत लीजिए। जो इच्छा व खुशी से दे, उसी से लीजिए। शुभ कार्य हेतु धन संग्रह भी शुद्ध तरीके से होना चाहिए।'' सभी शिष्य अलग-अलग दिशाओं में धन संग्रह हेतु रवाना हो गए। इसी प्रक्रिया में एक शिष्य को तिन नू नाम की एक बालिका मिली। उसके पास एक सिक्का था। जब उसे भगवान् बुद्ध की प्रतिमा-निर्माण के विषय में चल रहे धन संग्रह के बारे में पता चला तो उसने श्रद्धावश वह एकमात्र सिक्का दान करना चाहा, किंतु शिष्य ने सिक्के को अति तुच्छ समझकर लेने से इनकार कर दिया।

कुछ दिन बाद सभी शिष्य धनराशि लेकर मठ में एकत्रित हुए। महंत ने मूर्ति का निर्माण आरंभ करवाया, किंतु अथक प्रयास के बाद भी मूर्ति संपूर्ण नहीं हो पा रही थी। कोई-न-कोई कमी रह जाती। इस पर महंत को संदेह हुआ। उन्होंने शिष्यों से धन संग्रह के बारे में पूछा। सभी ने बारी-बारी से अपने अनुभव सुनाए। इसी क्रम में जब तिन नू का प्रसंग आया तो महंत पूरी बात समझ गए। उनके आदेश से वह शिष्य उस बालिका के पास गया और क्षमा माँगते हुए उसके एकमात्र सिक्के को आदरपूर्वक ले लिया। धातुओं के मोल में उस सिक्के को आदरपूर्वक ले लिया। धातुओं

के घोल में उस सिक्के को मिला देने पर सहज ही एक सुंदरतम मूर्ति का निर्माण हो गया। यह कथा श्रद्धापूर्ण दान की महज़ा को प्रस्थापित करती है। दान भले ही अल्प मात्रा में किया जाए, किंतु यदि वह संपूर्ण श्रद्धा भाव से किया गया तो जरूर सार्थक रूप में प्रतिफलित होता है और असीम पुण्यों का सृजन भी करता है।

☐

बुद्ध और राजकुमार

मगध राज्य का राजकुमार श्रोण बेहद उद्‌दंड था। उसको दूसरों के अपमान में आनंद की अनुभूति होती थी। दूसरों को अपमानित करने में वह उम्र का खयाल भी नहीं करता था। जब माता-पिता उसकी हरकतों से बहुत परेशान हो गए तो उन्होंने अपने महल में भगवान् बुद्ध को आमंत्रित किया। बुद्ध जब महल में आए तो उन्होंने राजकुमार के विषय में सभी बातें सुनीं। उन्होंने राजा से राजकुमार को प्रवचन में लाने के लिए कहा। श्रोण अपने पिता के साथ आया और प्रवचन की समाप्ति पर वह बुद्ध के चरणों में लोट गया। बुद्ध के वचनों से प्रभावित होकर वह बौद्ध धर्म में दीक्षित हो गया।

उसका जीवन पूर्णतः बदल गया। कुछ समय बाद उसने प्रायश्चिज़ करने के लिए अन्न-जल का त्याग कर दिया। उसके इस कठोर प्रण के विषय में जब भगवान् बुद्ध को ज्ञात हुआ तो वे उसे देखने आए। उन्होंने स्नेहपूर्वक उसके मस्तक पर हाथ रखा और बोले, ''श्रोण, अन्न-जल के त्याग के चलते तुज़्हारा स्वास्थ्य गिरता जा रहा है। तुम संगीत के जानकार हो, अतः उससे जुड़े मेरे एक प्रश्न का उज़र दो, क्या वीणा के तार ढीले करने पर उससे स्वर-लहरी फूटती है?'' श्रोण ने जवाब दिया, ''नहीं भगवान्।'' बुद्ध ने पुनः प्रश्न किया, ''तब तो तारों को खूब कसना पड़ता होगा? श्रोण बोला, ''नहीं, अधिक कसने से तार टूट सकते हैं।'' तब तथागत बोले, ''वीणा से मधुर संगीत निकालने के लिए उसके तारों को न तो अधिक ढीला रखना चाहिए और न ही अधिक कसना चाहिए। इसी प्रकार, हमारा जीवन भी एक वीणा की तरह ही है, जिसे भली-भाँति

चलाने के लिए सभी वस्तुओं का पूर्ण त्याग उचित नहीं है।'' श्रोण ने कठोर प्रतिज्ञा से मुक्ति ले ली और सहज जीवन जीने लगा।

यह कथा जीवन को नैसर्गिक तरीके से जीने पर बल देती है, जिसमें उचित आवश्यकताओं की पूर्ति और अतिरिक्त इच्छाओं पर नियंत्रण का संदेश शामिल है। यदि जीवन को आवश्यकता, पूर्ति और संयम के संयोग से संचालित किया जाए, तो परम शांति प्रदायक होता है।

❑

उपदेश से कर्म श्रेष्ठ है

गौतम बुद्ध को उनके अनुयायी यदि स्नेह से कहीं बुलाते तो वे अवश्य जाते। फिर जब बुद्ध पहुँचते तो श्रोताओं की भारी भीड़ उमड़ पड़ती। बुद्ध के वचनों में जो अमृतत्व होता था, उसका पान करना सभी को प्रीतिकर लगता था। उनके उपदेशों में ऐसा कुछ अवश्य होता था, जिससे गंभीर समस्याएँ सुलझ जातीं और कुछ-न-कुछ सार्थक भी प्राप्त होता।

एक गरीब किसान गौतम बुद्ध का बहुत बड़ा भक्त था। एक दिन वह बुद्ध के पास आया और अपने गाँव आने का आग्रह किया। बुद्ध उसके गाँव पहुँचे तो सारा गाँव उन्हें देखने व सुनने के लिए उमड़ पड़ा, किंतु वह किसान नहीं आया। हुआ यह कि उसी दिन किसान के बैलों की जोड़ी कहीं खो गई। किसान इस दुविधा में रहा कि बुद्ध का प्रवचन सुने या अपने बैलों को खोजे? काफी सोचने के बाद उसने अपने बैलों को खोजने का निर्णय किया। घंटों भटकने के बाद बैल मिले। थका-हारा किसान घर आया और भोजन कर सो गया। अगले दिन वह अति संकोच से क्षमाप्रार्थी बन बुद्ध के पास पहुँचा, तो वे बड़े स्नेह से बोले, ''मेरी दृष्टि में यह किसान मेरा सच्चा अनुयायी है। इसने उपदेश से अधिक महत्त्व कर्म को दिया। यदि यह कल बैलों को न ढूँढ़ते हुए उपदेश सुनता, तो मेरी बातें इसकी समझ में नहीं आतीं, क्योंकि मन बैलों में अटका रहता। इसने कर्म को महत्त्व देकर प्रशंसनीय काम किया।

सार यह है कि हम जहाँ जिस भूमिका में हों, उसका ईमानदारी से निर्वाह करें, यही सच्ची आध्यात्मिकता है, क्योंकि प्रत्येक धर्म 'कर्म' को ही सर्वोपरि महत्त्व देता है। ☐

बुद्ध का आशीर्वाद

गौतम बुद्ध के पास उनका प्रिय शिष्य 'पूर्ण' पहुँचा। बुद्ध ध्यानावस्था में बैठे थे। पूर्ण के पहुँचने पर उन्होंने आँखें थोड़ी सी खोलीं और पूर्ण से आने का कारण पूछा, तो उसने कहा, ''मैं धर्म प्रचार के लिए जाना चाहता हूँ, आपकी आज्ञा चाहिए।'' बुद्ध मुसकराए और कहा, ''पूर्ण, धर्म की राह बहुत मुश्किल है। तुम लोगों को अच्छी बातें बताने जाओगे और लोग तुम पर नाराज होंगे। हो सकता है कि अपशज्द भी कहें।'' इस पर पूर्ण ने कहा, ''कोई बात नहीं, मैं यह सोचकर उनकी बातों पर ध्यान नहीं दूँगा कि उन्होंने अपशज्द ही कहे, पिटाई तो नहीं की।''

बुद्ध बोले, ''हो सकता है कि कुछ लोग हाथ उठा दें।'' पूर्ण ने कहा, ''तब मैं यह सोचकर उन्हें क्षमा कर दूँगा कि उन्होंने मुझ पर शस्त्रों से प्रहार तो नहीं किया।'' बुद्ध फिर बोले, ''हे पूर्ण! हो सकता है कि कुछ लोग तुमपर शस्त्रों का भी उपयोग करें।'' पूर्ण ने उज़र दिया, ''तब मैं यह सोचकर उनके प्रति कोई प्रतिकार की भावना नहीं रखूँगा कि उन्होंने मुझे मारा, पर जान से तो नहीं मार डाला। मुझे जीवित छोड़ दिया।''

बुद्ध ने फिर कहा, ''और यदि तुह्मारे प्राण ही ले लिये तब? पूर्ण ने तत्क्षण सिर झुकाकर कहा, ''तब मैं उनका आभारी रहूँगा कि उन्होंने धर्म के मार्ग पर मेरे प्राणों का उत्सर्ग करने में मेरी सहायता की। मैं उनके प्रति कृतज्ञ रहूँगा।'' तब बुद्ध ने आँखें खोलीं और आशीर्वाद देकर अनुमति दी तथा पूर्ण से कहा, ''अब तुम धर्म प्रचार करने के पात्र हो। जो किसी में भी कोई दोष न देखे, वही सच्चा है।''

अच्छाई के मार्ग पर चलना बहुत मुश्किल काम है। जो इस राह पर चलता है, उसके मार्ग में अनेक बाधाएँ आती हैं। लेकिन जो व्यक्ति किसी में भी दोष न देखे, वही बाधाओं को सहजता से पार कर अपने लक्ष्य को पूरा कर पाता है।

◻

बुद्ध का प्रेम

भगवान् बुद्ध जब वन से गुजर रहे थे। तब एक राक्षसी हाथ में तलवार लेकर प्रकट हुई और कहा, ''अरे बुद्ध! आज तुझ्ञारे प्रेम को मेरी घृणा के सामने झुकना ही पड़ेगा। आज तुझ्ञारे जीवन का अंतिम दिन है।'' बुद्ध ने मुसकराते हुए उज्ञर दिया, ''मैं घृणा, उपहास और द्वेष के आगे नतमस्तक नहीं होऊँगा। मैं निंदा, प्रशंसा अथवा उपहास किसी से भी प्रभावित नहीं होता। तुम मुझसे इतनी घृणा करती हो पर मैं तो तुमसे भी प्रेम करता हूँ।'' राक्षसी ने पूछा, ''तुम मुझसे प्रेम क्यों करते हो?'' बुद्ध बोले, ''मैं तुममें माँ का रूप देख रहा हूँ और माँ तो प्रेम का रूप होती है, उसमें हिंसा हो ही नहीं सकती।'' इतना सुनते ही राक्षसी के हाथ से तलवार गिर पड़ी, ''हे बुद्ध! तुम धन्य हो, इतना कहते ही वह देवी में बदल गई और अंतर्धान हो गई।''

दरअसल, जो लोग दूसरों से द्वेष करते हैं, अंत में एक दिन घृणा उन्हें नष्ट कर देती है। घृणा से घिरे हुए लोगों को एक दिन घृणा ले डूबती है। प्रेम सत्य के आवरण से ढका होता है। सत्य से जुड़ा हुआ व्यक्ति सदैव आनंद में जीता है। सत्य को केवल अपने तक सीमित मत रखो, उसे अपने कर्मों में ढालना होगा।

सत्य-रूपी गुलाब की खुशबू, है 'कर्म'। अपने कर्म को प्रेम और सत्य में डुबोकर करो। प्रेम और सत्य मनुष्य को विकास की ओर ले जाते हैं। ध्यान रहे कि ये दोनों मार्ग ईश्वर की ओर जाते हैं। इस मार्ग पर चलनेवाले सहज में ही आनंद और शांति को पा लेते हैं।

बुद्ध और आम्रपाली

भगवान् बुद्ध भ्रमण करते हुए वैशाली नगर के वनविहार में पहुँचे। उनके आगमन का समाचार पूरे नगर में फैल गया। कुछ ही समय में मानो पूरा नगर उनके दर्शन के लिए उमड़ पड़ा। बड़े व्यापारी, शिक्षाविद, समाजसेवी, अधिकारी और राजपरिवार से जुड़े कई वरिष्ठ भी वहाँ पहुँचे। सभी की भावना थी कि तथागत बुद्ध अपने शिष्यों सहित उनके निवास पर पहुँचें एवं भोज का आमंत्रण स्वीकारें। बुद्ध सभी के निवेदन को सुन रहे थे और स्वभावगत मुसकान के साथ आमंत्रण का आभार व्यक्त कर रहे थे। तभी वैशाली की यात गणिका आम्रपाली भी वहाँ पहुँची। वह बुद्ध की शिक्षा से प्रेरित होकर बहुत पहले ही अपनी गणिकावृज़ि त्याग चुकी थी। उराने भी बुद्ध को भोजन का आमंत्रण दिया। बुद्ध ने तत्काल उसे स्वीकार किया और अगले दिन भिक्षुओं सहित उसके घर आने की सहमति दे दी।

बुद्ध के एक शिष्य को यह बात अच्छी नहीं लगी कि इतने सारे वरिष्ठों के निवेदन के बावजूद बुद्ध ने आम्रपाली का आमंत्रण स्वीकारा। शिष्य की दृष्टि में आम्रपाली गणिका होने से घृणित कर्म से जुड़ी रही थी। जब सभी लोग चले गए, तब शिष्य ने पूछा, "भगवान्, इतने लोगों ने आपको न्योता दिया, फिर आपने आम्रपाली का ही आमंत्रण क्यों स्वीकारा?" बुद्ध ने कहा, "माना वह गणिका थी, लेकिन पश्चात्ताप की अग्नि में तपकर वह निर्मल हो चुकी है। यदि कोई व्यक्ति इस निर्मलता को प्राप्त कर ले तो वह उनसे भी श्रेष्ठ हो जाता है, जो ऐसे किसी घृणित कर्म में लीन न रहे हों। ऐसे व्यक्ति का आमंत्रण स्वीकारने में संकोच नहीं होना चाहिए।"

"कोई व्यक्ति जब तक बुरे कामों में संलग्न रहता है, तब तक उससे दूरी रहे तो ठीक है। लेकिन जो बुरे कामों को छोड़ दे, उसे स्वीकार करने में संकोच नहीं करना चाहिए। इससे उसकी अच्छाई की ओर बढ़ने की भावना को बल मिलता है।"

☐

बुद्ध का आदेश

गौतम बुद्ध के जीवन की एक घटना है। उन्होंने नियम बना रखा था कि वे अपने संघ में स्त्रियों को स्थान नहीं देंगे। स्त्रियों के लिए भिक्षु होने की दीक्षा उन्होंने वर्जित कर रखी थी। एक समय गौतम बुद्ध एक गाँव में ठहरे हुए थे। वहाँ महाप्रजापति गौतमी उनके पास पहुँचीं। उन्होंने बुद्ध से कहा, ''आप स्त्रियों को भी दीक्षा दें।'' किंतु बुद्ध ने अस्वीकार कर दिया। अनेक स्त्रियाँ इकट्ठी हुईं और उन्होंने विचार किया कि कैसे गौतमबुद्ध से स्वीकृति प्राप्त की जाए? स्त्रियों ने निर्णय लिया कि स्वयं सेविकाएँ बनकर गौतम बुद्ध के समक्ष पहुँचा जाए।

गौतमी ने अपने बाल काटे, भिक्षु के वस्त्र पहने और अनेक स्त्रियों के साथ बुद्ध के सामने पहुँच गईं। उनकी यह माँग थी कि स्त्रियों को भी दीक्षा दी जाए। बुद्ध ने उनकी बात को स्वीकार नहीं किया। स्त्रियाँ निराश हुईं। जब बुद्ध के एक शिष्य आनंद ने स्त्रियों को देखा, उनके पाँव सूजे हुए थे। उन पर धूल चढ़ी हुई थी, उनकी आँखों से आँसू बह रहे थे। उन्होंने पूछा, ''क्या बात है?'' स्त्रियों ने कहा, ''बुद्ध उनके धर्म और नियम के अनुसार हमें भिक्षु होने की दीक्षा नहीं दे रहे हैं।'' जब आनंद ने व्यक्तिगत रूप से बुद्ध से निवेदन किया। बुद्ध को उन्होंने याद दिलाया, ''इस समय यह सामाजिक मान्यता है कि स्त्रियाँ मोक्ष की अधिकारी नहीं हैं, पुरुषों के मुकाबले निम्न हैं तो क्या आप भी यह मानते हैं और इसलिए उन्हें दीक्षित नहीं कर रहे हैं?'' बुद्ध का उज़र था, ''मुझे गलत न समझा जाए। मेरी मान्यता है कि पुरुष की तरह ही स्त्री भी निर्वाण प्राप्त कर सकती है,

लेकिन मैं कुछ व्यावहारिक कारणों से स्त्रियों को संघ में शामिल करने और दीक्षा देने की स्वीकृति प्रदान नहीं कर रहा हूँ।'' आनंद का उज़्र था, ''सिद्धांत और व्यवहार में परिवर्तन करना चाहिए।'' बुद्ध को बात जँच गई और उन्होंने यह घोषणा की, ''जो स्त्रियाँ भिक्षु होना चाहेंगी, उन्हें कुछ नियमों का पालन करना होगा।'' स्त्रियों ने स्वीकार किया और तब से स्त्रियाँ भी बौद्ध बनने लगीं।

□

सच्चा समर्पण

एक राजा पहली बार गौतम बुद्ध के दर्शन करने अपने पास का एक अमूल्य स्वर्णाभूषण लेकर आया था। गौतम बुद्ध उस अमूल्य भेंट को स्वीकार करेंगे, इस बारे में उसे शंका थी। सो, अपने दूसरे हाथ में वह एक सुंदर गुलाब का फूल भी ले आया था। उसे लगा भगवान् बुद्ध इसे अस्वीकार नहीं करेंगे। गौतम बुद्ध से मिलने पर जैसे ही उसने अपने हाथ में रखा रत्नजड़ित आभूषण आगे बढ़ाया तो मुसकराकर बुद्ध ने कहा, ''इसे नीचे फेंक दो।'' राजा को बुरा लगा। फिर भी उसने वह आभूषण फेंककर दूसरे हाथ में पकड़ा हुआ गुलाब का फूल बुद्ध को अर्पण किया, यह सोचकर कि गुलाब में कुछ आध्यात्मिकता, कुछ प्राकृतिक सौंदर्य भी शामिल है। बुद्ध इसे अस्वीकार नहीं करेंगे। लेकिन फूल देने के लिए राजा ने जैसे ही अपने हाथ आगे बढ़ाए, बुद्ध ने फिर कहा, ''इसे नीचे गिरा दो।'' राजा परेशान हुआ। वह बुद्ध को कुछ देना चाहता था, पर अब उसके पास देने के लिए कुछ भी बचा नहीं था। तभी उसे स्वयं का खयाल आया। उसने सोचा, वस्तुएँ भेंट करने से बेहतर है कि मैं अपने आपको ही भेंट कर दूँ। खयाल आते ही उसने अपने-आपको बुद्ध को भेंट करना चाहा। बुद्ध ने फिर कहा, ''नीचे गिरा दो।'' गौतम के जो शिष्य वहाँ मौजूद थे, वे राजा की स्थिति देखकर हँसने लगे। तभी राजा को बोध हुआ, '''मैं अपने-आपको समर्पित करता हूँ।' कहना कितना अहंकारपूर्ण है।'मैं अपने को समर्पित करता हूँ।' यह कहने में समर्पण नहीं हो सकता, क्योंकि 'मैं' तो बना हुआ है। वह समर्पण कहाँ हुआ।'' इस बोध के साथ राजा स्वयं बुद्ध के पैरों पर गिर पड़ा।

बुद्ध की दृष्टि

गौतम बुद्ध एक बार अपने शिष्यों के साथ प्रवास पर निकले। एक नगर से दूसरे नगर तक जाने की राह में वन पड़ता था। वन क्षेत्र में प्रवेश करने के साथ ही कुछ दूर चलने पर बुद्ध एक जगह रुक गए। पीछे आ रहे शिष्यों का समूह भी उन्हें देख उसी स्थान पर रुका। लेकिन वहाँ रुके रहना शिष्यों के लिए मुश्किल हो गया, क्योंकि सामने एक क्षत-विक्षत शव पड़ा था और उसकी दुर्गंध वातावरण में फैल रही थी। शिष्यों ने अपने वस्त्र से नाक बंद कर ली, लेकिन बुद्ध शव की ओर टकटकी लगाए देखते रहे।

एक शिष्य ने साहस कर विनम्रतापूर्वक गौतम बुद्ध से अनुरोध किया, ''भगवान्, यहाँ से शीघ्र चलना ही उचित होगा। यहाँ शव पड़ा है और बहुत दुर्गंध आ रही है। बुद्ध मुसकराए और शिष्यों की ओर उन्मुख होते हुए बोले, ''बताइए इस सबमें सौंदर्य दिखाई देता है?'' शिष्यों ने कहा, ''भगवन्, यह कैसा प्रश्न है? सौंदर्य और शव में! जीवन था तब तक सौंदर्य, अब तो सब समाप्त हो गया।'' बुद्ध ने शव की ओर इशारा करके बताया, ''देखो जब कभी यह व्यक्ति जीवित रहा होगा, इसकी दंत पंक्तियाँ अद्वितीय रही होंगी। मृत्यु के बाद भी इसके दंत देखकर यही साबित होता है।'' वहाँ खड़े सभी शिष्यों ने दृष्टि डाली, तो पाया बुद्ध सही कह रहे थे। तब शिष्यों को भान हुआ कि शव में भी अच्छाई हो सकती है।

दरअसल सौंदर्य निर्जीव में भी नजर आ सकता है, केवल शर्त यह है

कि दृष्टि बुद्ध के समान बुराई में भी अच्छाई देखनेवाली होनी चाहिए। गुलाब की एक शाखा में फूल की तुलना में काँटें ही अधिक होते हैं, पर हम फूल चुनते हैं, काँटें नहीं। ठीक इसी तरह किसी में सौ बुराइयाँ नहीं, अच्छाई देखनी चाहिए।

☐

एक भिक्षु और ब्राह्मण

प्राचीन सियालकोट में एक बार बौद्धों का बहुत बड़ा भिक्षु संघ आया। इस संघ को एक ऐसे वेदपाठी ब्राह्मण के विषय में ज्ञात हुआ, जो इतना रूढ़िवादी था कि किसी अवैदिक पंडित की छाया भी स्वयं पर नहीं पड़ने देता था। उसे सुधारने का बीड़ा एक भिक्षु ने उठाया। अगले दिन वह अपना भिक्षा पात्र लेकर ब्राह्मण के घर पहुँच गया और पूछा, ''कुछ आहार-पानी की सुविधा है?'' उसकी बात सुनकर घर के सभी लोग मौन रहे और उसकी ओर घृणा की दृष्टि से देखा। भिक्षु लौट आया। दूसरे दिन फिर गया और वही प्रश्न दोहराया। इस बार भी उसे चुप्पी और तिरस्कार का सामना करना पड़ा। वह पुन: लौट गया। एक दिन जब वह ब्राह्मण के घर पहुँचा तो ब्राह्मण वहाँ नहीं था। नित्य आने-जाने से ब्राह्मणी का मन पसीज गया। वह बोली, ''मैं तो तुझे आहार-पानी दे दूँ, किंतु पंडितजी की नाराजगी के कारण विवश हूँ।'' भिक्षु ने कहा, ''कोई बात नहीं बहन, मैं अपना काम करता हूँ, तुम अपना काम करो।'' वापस लौटते हुए भिक्षु को ब्राह्मण मिल गया। उसने भिक्षु को खूब खरी-खोटी सुनाई, तब भिक्षु ने कहा, ''इतने दिनों तक आपके घर से कुछ नहीं मिला, किंतु आज आपकी पत्नी ने 'नहीं' दी है। अब किसी दिन 'हाँ' भी मिल जाएगा।'' ब्राह्मण थोड़ा शांत हुआ और बोला, ''यह क्रम कब तक जारी रखोगे?'' भिक्षु ने उज्र दिया, ''जब तक जीवित हूँ।'' उसका धैर्य देख ब्राह्मण का अहंकार पिघल गया और उसने भिक्षु से क्षमा माँगी।

वस्तुत: धैर्य व सहिष्णुता के बल पर बड़ी से बड़ी प्रतिकूलता को अनुकूलता में बदला जा सकता है।

ज्ञान और कर्म

भगवान् बुद्ध के प्रवचन सुनने के लिए एक व्यक्ति नियमित रूप से आता था। इस प्रकार उसे एक माह हो चुका था, किंतु उसके जीवन पर कोई प्रभाव नहीं पड़ा। भगवान् बुद्ध उपदेश में कहते थे कि धर्म पर चलो, अपने जीवन से राग-द्वेष को दूर करो; काम, क्रोध, लोभ, मोह और अहंकार से सदा दूर रहो। बुद्ध के उपदेशों से लोगों को बहुत शांति मिलती थी, किंतु उस व्यक्ति का मन अशांत रहता था।

एक दिन उसने बुद्ध से जाकर कहा, ''हे प्रभु! मैं एक माह से आपका उपदेश सुन रहा हूँ, किंतु उसका तनिक भी असर मेरे आचरण पर नहीं पड़ा। मैं बहुत परेशान हूँ। मुझे क्या करना चाहिए?'' बुद्ध उनकी बात सुनकर बोले, ''तुम कहाँ के रहने वाले हो?'' उसने कहा, ''श्रावस्ती का।'' बुद्ध ने अगला प्रश्न किया, ''वह यहाँ से कितनी दूर है।'' उसने अनुमान से बता दिया। बुद्ध ने पुन: जिज्ञासा प्रकट की, ''कितना समय लगता है?'' उस व्यक्ति ने हिसाब लगाकर बता दिया। बुद्ध ने कहा, ''अब बताओ कि क्या तुम यहाँ पर बैठे-बैठे ही अपने घर पहुँच सकते हो?'' उसने कहा, ''यह कैसे हो सकता है? वहाँ पहुँचने के लिए तो चलना होगा।'' तब बुद्ध ने बड़े प्रेम से उसे समझाया, ''जैसे चलने पर ही पहुँचा जा सकता है, वैसे ही अच्छी बातों पर अमल करने से ही लाभ होता है। हे प्यारे! तुम मेरे ज्ञान के साथ अपने कर्म को जोड़ दो, तब तुमको उत्तम फल मिलेगा।''

उस व्यक्ति को अपनी गलती समझ में आ गई। उसने अपने जीवन में सुधार कर लिया, जिससे उसका जीवन सदाचारी बन गया। ☐

बुद्ध की शिक्षा

एक छोटी सी नदी थी। उसके दोनों किनारों पर लोग रहते थे। नदी के पानी से दोनों ओर के लोग अपना-अपना काम चलाते थे और सुखमय जीवन बिताते थे। एक बार संयोग से पानी को लेकर दोनों पक्षों में तनातनी हो गई। वे एक-दूसरे पर आरोप लगा रहे थे कि तुम ज्यादा पानी ले रहे हो। जब आपसी बातचीत में मामला नहीं निपटा, तो वे मरने-मारने पर उतारू हो गए। उनके पास जो भी हथियार थे, उन्हें तत्काल निकाल लाए और एक-दूसरे पर टूट पड़ने को आमादा हो गए। तभी किसी ने जाकर भगवान् बुद्ध को सूचना दी। उन्होंने दोनों पक्षों के प्रतिनिधियों को बुलाया और तकरार का कारण पूछा। दोनों प्रतिनिधियों ने अपना-अपना पक्ष रखा। बुद्ध ने दोनों की बातें सुनीं और मुसकराकर कहा, ''तो तुम लोग क्या करोगे?'' दोनों प्रतिनिधियों ने आवेश में आकर कहा, ''हम खून की नदियाँ बहा देंगे।'' भगवान् बुद्ध ने कहा, ''तो तुझ्हें खून चाहिए।'' उन लोगों ने हतप्रभ होकर बुद्ध की ओर देखा। फिर बोले, ''नहीं हमें पानी चाहिए।''

तब सहज भाव से बुद्ध ने कहा, ''खून बहाकर खून मिलेगा, पानी कैसे पाओगे?'' कुछ ठहरकर आगे बुद्ध बोले, ''याद रखो, हिंसा, हिंसा को बढ़ाती है; बैर, बैर को बढ़ाता है। नदी से ही सीख लो कि वह किसी से लड़ती नहीं। वह निश्छल भाव से अपने जल का सभी के लिए दान करती है।'' बुद्ध के शब्दों ने जादू जैसा काम किया। और दोनों पक्षों की समस्या का सहज रूप से समाधान हो गया। दोनों पक्ष मिल-बाँटकर पानी का उपयोग करने लगे।

बुद्ध ने जूठा आम खाया

मगध की राजधानी में भगवान् बुद्ध के प्रवचन सुनने भारी तादाद में लोग जुटे और उनके अमृत वचनों से लाभान्वित हुए। थोड़े दिनों बाद बुद्ध ने अगले शहर जाने का विचार किया। अगले दिन के प्रवचन की समाप्ति पर बुद्ध ने वहाँ से जाने की घोषणा कर दी। यह सुनकर नगरवासी दु:खी हो गए और उनसे कुछ दिन और रुकने का आग्रह किया, किंतु बुद्ध ने उनसे क्षमा माँगते हुए इसे अस्वीकार कर दिया। नगरवासियों की इच्छा थी कि बुद्ध को कुछ-न-कुछ भेंट दें। बुद्ध अगले दिन अपने आसन पर विराजित हुए और भेंट देने का क्रम आरंभ हुआ। जो भी भेंट आती, बुद्ध अपने शिष्यों से कहकर एक ओर रखवा देते। तभी एक गरीब वृद्धा खा चुके आधे आम को लेकर आई और बुद्ध के चरणों में यह जूठा आम रखकर बोली, "भगवान्! मेरे पास यही समस्त पूँजी है। मैं धन्य होऊँगी, यदि आप इसे स्वीकार करेंगे।" बुद्ध ने बड़े प्रेम से उस आम को उठा लिया। नगरवासियों ने पूछा, "भगवान्! उस आम में ऐसा क्या था कि आपने उसे स्वयं उठाकर ग्रहण किया? जबकि हमारे बहुमूल्य उपहार एक ओर रखवा दिए।" तब बुद्ध बोले, "वृद्धा के पास जितनी भी पूँजी थी, वह उसने अपने पेट की चिंता किए बगैर मुझे प्यार और श्रद्धा से अर्पित कर दी, जबकि तुम लोगों ने अहंकार से अपने धन का कुछ ही हिस्सा भेंट किया। तुझ्हारे और वृद्धा के दान देने में अहंकार और श्रद्धा का भेद है।"

आशय यह है कि श्रद्धा सहित किया गया दान, दाता व याचक दोनों की आत्मा को तृप्त करता है, जबकि दान में अभिमान के शामिल होने पर वह मात्र आवश्यकता को ही संतुष्ट कर पाता है।

क्रोध के सामने शांत-भाव रखें

भगवान् बुद्ध एक दिन वैशाली में प्रवचन दे रहे थे। विशाल जनसमूह उन्हें अत्यंत शांति और तन्मयता से सुन रहा था। कहीं कोई शोर नहीं था, मात्र बुद्ध की वाणी गूँज रही थी। बुद्ध के शिष्यों के साथ उपस्थित लोग बुद्ध के अमृत वचनों का पान पूर्ण एकाग्रता से कर रहे थे। तभी उस शांत वातावरण में खलल उत्पन्न करती एक व्यक्ति की जोरदार आवाज आई, ''आज मुझे सभा में बैठने की अनुमति क्यों नहीं दी गई?'' बुद्ध उस व्यक्ति का चिल्लाना सुनकर भी मौन रहे। उस व्यक्ति ने पुन: चिल्लाकर यही प्रश्न पूछा। बुद्ध ने नेत्र बंद कर लिये। उनका एक शिष्य बोल उठा, ''भगवान्! बाहर खड़े अपने इस शिष्य को अंदर आने की अनुमति दीजिए।'' बुद्ध ने नेत्र खोलकर कहा, ''नहीं, यह अस्पृश्य है।'' शिष्यगण बुद्ध के मुँह से अस्पृश्य शब्द सुनकर विस्मित हुए और उन्होंने पूछा, ''वह अस्पृश्य क्यों? कैसे? भगवन्! आपके धर्म में तो जात-पाँत का भेद नहीं है।'' बुद्ध बोले, ''आज यह क्रोध में आया है। क्रोध से जीवन की एकता भंग होती है। क्रोधी मानसिक हिंसा करता है। किसी भी कारण से क्रोध करनेवाला अस्पृश्य है। उसे कुछ देर तक स्मरण कर लेना चाहिए कि अहिंसा परम धर्म है।''

कथा का उपदेश यह है कि क्रोध एक असात्विक भाव है, जो कर्ता और भोक्ता दोनों के लिए हानिकारक होता है। अत: इससे बचते हुए शांति से विचारने व कार्य करने की प्रवृत्ति अपनानी चाहिए। शांत मन और मस्तिष्क ही विवेकपूर्ण निर्णय लेने में सक्षम होते हैं।

बुद्ध ने सेवा का संदेश दिया

बौद्ध संघ के एक भिक्षु को कोई गंभीर रोग हो गया। उसकी हालत इतनी खराब हो गई कि वह चल-फिर भी नहीं सकता था और मल-मूत्र में लिपटा पड़ा रहता था। उसकी यह हालत देख उसके साथी भिक्षु भी उसके पास नहीं आते और घृणा से मुँह फेरकर आस-पास से निकल जाते थे। कुछ दिनों बाद बुद्ध को यह बात पता चली तो वे तत्काल अपने प्रिय शिष्य आनंद के साथ उस भिक्षु के पास पहुँचे। उसकी दयनीय दशा से उन्हें घोर कष्ट हुआ। उन्होंने भिक्षु से पूछा, "तुम्हें कौन सा रोग हुआ है ?" भिक्षु बोला, "भगवन्! मुझे पेट की बीमारी है।" बुद्ध ने स्नेह से उसके सिर पर हाथ फेरते हुए प्रश्न किया, "क्या तुम्हारी परिचर्या करनेवाला कोई नहीं है ?" भिक्षु की ना सुनते ही बुद्ध ने आनंद से कहा, "पानी लेकर आओ। हम लोग पहले इसका शरीर स्वच्छ करेंगे।" आनंद पानी लेकर आए। फिर बुद्ध ने भिक्षु के शरीर पर पानी डाला और आनंद ने उसके मल-मूत्र को साफ किया। अच्छी तरह धो-पोंछकर बुद्ध ने भिक्षु के सिर को पकड़ा और आनंद ने पैरों को। इस प्रकार उसे उठाकर चारपाई पर लिटा दिया। फिर बुद्ध ने सारे भिक्षुओं को एकत्रित कर उन्हें समझाया, "भिक्षुओ! तुम्हारे माता नहीं, पिता नहीं, भाई नहीं, बहन नहीं, जो तुम्हारी सेवा करेंगे। यदि तुम परस्पर एक-दूसरे की सेवा और देखभाल नहीं करोगे तो फिर कौन करेगा। याद रखो, जो रोगी की सेवा करता है, वह ईश्वर की सेवा करता है।"

दीन-हीन के प्रति करुणा व सेवा का भाव इस जगत् को बुद्ध का सबसे बड़ा संदेश है, जो प्रत्येक देश, काल, परिस्थिति में प्रासंगिक है।

□

जब बुद्ध महात्मा बन गए

गौतम सिद्धार्थ बुद्धत्व प्राप्त करके महात्मा बुद्ध बन गए। सत्य, अहिंसा और दया की मूर्ति बुद्ध अपने शिष्यों के साथ एक गाँव में पहुँचे। कुछ अज्ञानी लोग उनके विरोधी थे। वे बुद्ध को अपशज्द कहने लगे। बुद्ध के शिष्यों को बहुत बुरा लगा। मगर बुद्ध ने उन्हें समझाया, ''ये लोग तो केवल अपशज्द ही कह रहे हैं, अगर ये पत्थर भी मार रहे होते तो भी मैं कहता कि मारने दो। मैं जानता हूँ कि ये लोग कुछ कहना चाहते हैं, लेकिन क्रोध के मारे वह कह नहीं पा रहे हैं।

''दस साल पहले यदि ये ही लोग मुझे गाली देते तो मैं इन्हें भी गाली देता। लेकिन अब तो लेन-देन से मुक्ति मिल चुकी है। क्रोध से अपशज्द निकलते हैं। यहाँ तो क्रोध भवन कब का ढह चुका है।'' अपशज्द कहनेवाले बड़ी मुश्किल में पड़ गए। तभी बुद्ध ने अपने शिष्यों से पूछा, ''इस गाँव में कुछ लोग अपशज्द कह रहे हैं। इन्हें बताओ कि वहाँ के लोग फल और मिठाइयाँ लेकर आए थे।'' बुद्ध ने पूछा, ''फिर मैंने क्या किया था?'' शिष्यों ने बताया, ''आपने सारे फल और मिठाइयाँ यह कहकर वापस कर दीं कि अब लेनेवाला विदा हो चुका है। इन्हें वापस ले जाओ। आपने कहा था कि दस साल पहले आते तो मैं सारे उपहार ले लेता।'' बुद्ध ने पूछा, ''फिर उन लोगों ने मिठाइयों का क्या किया होगा?'' शिष्यों ने बताया, ''गाँव में बाँट दी होंगी।'' बुद्ध बोले, ''उन लोगों ने मिठाइयाँ गाँव में बाँट दीं। लेकिन मैं उन लोगों से कहूँगा कि अपशज्द में न बाँटें।'' बुद्ध फिर बोले, ''ये लोग अपशज्दों के थाल सजाकर लाए हैं। लेकिन ये गलत आदमी के पास आ गए हैं। ये मुझसे क्रोध नहीं करवा सकते। ठीक खूँटी की तरह, जो किसी को नहीं टाँगती, लोग उस पर वस्त्र टाँग देते हैं।''

व्यक्ति कर्म से महान् बनता है

एक बार जैतवन के सभी ग्रामवासी भगवान् बुद्ध के दर्शन करने और उपदेश सुनने के लिए एकत्र हुए। उस समय महाकश्यप, मौदगल्यायन, सारिपुत्र, चुंद और देवदज्ञ जैसे प्रबुद्धजन बुद्ध के साथ धर्म विषयक गंभीर चर्चा में तन्मय थे। ग्रामवासी थोड़ा ठिठककर खड़े हो गए, क्योंकि इतने ज्ञानीजनों के बीच उन सभी को असहज-सा महसूस हो रहा था। कुछ देर बाद बुद्ध की दृष्टि इन ग्रामवासियों पर पड़ी। उन्होंने तुरंत धर्म-चर्चा रोक दी। प्रबुद्धजन बुद्ध के इस व्यवहार पर चकित हो उठे और प्रश्नात्मक दृष्टि से उनकी ओर देखा। बुद्ध अनाथ पिंडक नामक जिज्ञासु से बोले, ''भद्र! उठो। सामने ब्राह्मण-मंडली खड़ी है, उन्हें आसन दो और आतिथ्य की सामग्री ले आओ।''

अनाथ पिंडक ने पीछे मुड़कर देखा तो उसे ब्राह्मण मंडली तो कहीं नहीं दिखी, मैले-कुचैले या फटे वस्त्रों में खड़े ग्रामवासियों का झुंड दिखाई दिया। पिंडक ने शक्ति स्वर में कहा, ''देव! उन लोगों में एक भी ब्राह्मण नहीं है। ये सभी तो निज्न जाति के हैं। कई तो इनमें शूद्र हैं।'' बुद्ध गंभीर होकर बोले, ''पिंडक! जो व्यक्ति सदा श्रद्धावान् है, वह ब्राह्मण ही है। ये लोग प्रयोजन के लिए भावयुक्त होकर आए हैं। इसलिए इस समय तो ये ब्राह्मण ही हैं। अत: तुम इनका समुचित सत्कार करो।''

कथा का इंगित यह है कि व्यक्ति जन्म से नहीं, कर्म से ब्राह्मण होता है। जो सद्गुणी हों और सत्कर्मी हों, वे शूद्र जाति में जनमने के बावजूद ब्राह्मण हैं तथा उसी रूप में उनका आदर किया जाना चाहिए।

❏

जीवन का संतुलन आवश्यक है

यदि जीवन का संतुलन बिगड़ा और थकान आई तो समझ लीजिए कि बीमारी आई और यदि वापस ऊर्जा अर्जित करने के लिए विश्राम किया जा रहा है तो ऐसी थकान वरदान भी साबित हो सकती है। इन दिनों जिस तरह की हमारी जीवन-शैली है, इसमें असंतुलन बहुत अधिक है। सुबह उठने से लेकर रात को सोने तक शरीर की कुछ नियमित क्रियाएँ हैं। आदमी उसे भूल गया है। गौतम बुद्ध बहुत काम करते, पर कभी थकते नहीं थे। आज भी कई साधु-संत उतना ही परिश्रम कर रहे हैं, जितना एक कॉर्पोरेट जगत् का सफल व्यक्ति करता है और जब वे रात को सोते हैं तो पूरी बेफिक्री के साथ। बुद्ध से उनके शिष्यों ने एक बार पूछा था, "आप थकते नहीं?" बुद्ध का उत्तर था, "जब मैं कुछ करता ही नहीं तो थकूँगा कैसे।" बात सुनने में अजीब लगती है, लेकिन है बड़ी गहरी। अध्यात्म ने इसे 'साक्षी भाव' कहा है—स्वयं को करते हुए देखना। यह वह स्थिति होती है, जब तन सक्रिय और मन विश्राम की मुद्रा में होता है। आज ज्यादातर लोग असमय, अकारण थक जाते हैं, जिसका एक बड़ा कारण असंतुलित जीवन है। एक होता है थकान को महसूस करना और दूसरा है स्वाभाविक थकान। जिस समय आपकी रुचियों, इच्छाओं और मूल स्वभाव में धीमापन आने लगे, अकारण चिड़चिड़ाहट हो जाए, समझ लें कि यह थकान बीमारी है। इसलिए प्रतिदिन योग, प्राणायाम और ध्यान करें। ये क्रियाएँ अपने आप में एक विश्राम हैं। करने वाला कोई और है। हम तो महज उसके हाथों की कठपुतली हैं। यह मनोभाव भी थकान को मिटाएगा। क्या दिक्कत है ऐसा सोच लेने में।

मैं आत्म-विजय का पथिक हूँ

एक बौद्ध ब्रह्मचारी ने कई देशों में घूमकर विभिन्न कलाएँ सीखीं। एक देश में उसने एक व्यक्ति से बाण बनाने की कला सीखी। कुछ दिनों के बाद वह अन्य देश में गया। वहाँ उसने नौ-निर्माण कलाएँ सीखीं, क्योंकि वहाँ बहुतायत में जहाज बनाए जाते थे। फिर वह किसी तीसरे देश में गया तो कई ऐसे व्यक्तियों के संपर्क में आया, जो गृह-निर्माण करते थे। यहाँ उसने गृह-निर्माण कला सीखी। इस प्रकार वह सोलह देशों में गया और कई कलाओं का ज्ञाता होकर लौटा। जब वह अपने देश पहुँचा तो अहंकारग्रस्त हो लोगों से पूछता, ''इस संपूर्ण पृथ्वी पर मुझ जैसा कोई चतुर व्यक्ति है ?'' भगवान् बुद्ध ने उस युवा ब्रह्मचारी से घमंड की ऐसी अति देखकर उसे एक उच्चतर कला सिखानी चाही। वे एक वृद्ध भिखारी का वेश बनाकर हाथ में भिक्षापात्र लिये उसके सामने गए। ब्रह्मचारी ने बड़े अभिमान से पूछा, ''कौन हो तुम ?'' बुद्ध बोले, ''मैं आत्मविजय का पथिक हूँ।'' ब्रह्मचारी ने उसके कथन का अर्थ जानना चाहा तो वे बोले, ''इषुकर बाण बना लेता है, नौ चालक जहाज पर नियंत्रण रख लेता है, गृह निर्माता घर भी बना लेता है, किंतु वह तो महाविद्वान् नहीं होगा, जो अपने शरीर और मन पर विजय पा सके। संसार की प्रशंसा व अपशज्द दोनों ही दशाओं में जिसका मन स्थिर रहे, वही साधक शांति व निर्वाण को प्राप्त करता है।'' गौतम बुद्ध की इन बातों को सुनकर ब्रह्मचारी को अपनी भूल का एहसास हुआ।

वस्तुत: अहंकार का त्याग ही ईश उपलज्धि का द्वार है, इसलिए ईश्वर की प्राप्ति के इच्छुक भक्त को अहंकार से सर्वथा मुक्त रहना चाहिए।

कौन-कौन मोक्ष चाहता है?

प्रवचन की समाप्ति के बाद भगवान् गौतम बुद्ध के पास कई लोग आते थे और अपनी जिज्ञासाओं का समाधान प्राप्त करते थे। एक दिन एक ग्रामीण गौतम बुद्ध के पास आया और बोला, ''भगवन्! आप कई वर्षों से शांति, सत्य और मोक्ष की बात लोगों को समझा रहे हैं, किंतु अब तक कितने लोगों को मोक्ष मिला है?'' बुद्ध ने कहा, ''तुम कल आना, तब मैं तुम्हारी बात का उत्तर दूँगा, किंतु आने से पहले एक काम करना, पूरे गाँव का चक्कर लगाते हुए सभी लोगों से पूछकर आना कि कौन-कौन शांति चाहते हैं और कौन-कौन सत्य एवं मोक्ष।'' अगले दिन उस ग्रामीण ने घंटों गाँव का चक्कर लगाया, किंतु उसे एक भी व्यक्ति ऐसा नहीं मिला, जो शांति, सत्य और मोक्ष चाहता हो। कोई धन चाहता था तो कोई यश। किसी को संतान चाहिए थी तो किसी को दीर्घायु। ग्रामीण बुद्ध के पास आकर बोला, ''यह विचित्र गाँव है भगवन्। कोई कुछ चाहता तो कोई कुछ, लेकिन शांति, सत्य और मोक्ष चाहनेवाला कोई नहीं है।'' तब बुद्ध ने उत्तर दिया, ''इसमें विचित्र कुछ नहीं है। हममें से प्राय: सभी सुख चाहते हैं, शांति नहीं। सुख प्राप्ति के लिए वे शांति के विपरीत मार्ग पर चलते हैं, इसलिए वे सुख और शांति का मार्ग नहीं पा सकते।''

सार यह है कि व्यक्ति सुख की खोज भौतिकता में करता है, जो निरंतर लिप्सा को बढ़ाती है और लिप्सा कभी शांति नहीं आने देती। शांति का मार्ग संतोष और सीमित चाह में निहित होता है तथा शांति ही सही मायनों में सुख का वाहक है, क्योंकि सुख शरीर से बढ़कर आत्मा का विषय है।

बुद्ध ने आनंद को नियुक्त किया

भगवान् बुद्ध एक बार श्रावस्ती के मार्ग पर थे। उनके पीछे पात्र और चीवर लेकर शिष्य नागसमाल चल रहे थे। चलते-चलते नागसमाल ने किसी और मार्ग पर चलने की इच्छा प्रकट करते हुए बुद्ध से अपना पात्र और चीवर सँभालने का आग्रह किया, किंतु बुद्ध ने कोई प्रतिक्रिया नहीं दी। यह देखकर नागसमाल पात्र और चीवर धरती पर रखकर दूसरी ओर चले गए। बुद्ध ने बिना कुछ कहे दोनों वस्तुएँ उठाईं और अपनी राह ली। श्रावस्ती पहुँचकर बुद्ध आसन पर बैठे ही थे कि नासमाल आ पहुँचे। उनके सिर पर चोट थी, रास्ते में चोरों ने पात्र-चीवर आदि छीन लिये थे। नागसमाल ने चरण स्पर्श कर आज्ञा न मानने पर पश्चाज्ञाप व्यक्त किया। तब बुद्ध ने स्वयं के लिए उचित परिचारक नियुक्त करने की जरूरत बताई। 80 महाश्रावकों ने बारी-बारी से परिचारक बनने की इच्छा प्रकट की, किंतु बुद्ध ने स्वीकृति नहीं दी। तब उपस्थित लोगों ने आनंद को प्रोत्साहित किया। आनंद बोले, ''सेवा का अधिकार तो सहज ही मिला करता है। भगवान् उचित समझेंगे तो स्वयं ही मुझे बुलाएँगे।'' तब बुद्ध ने आनंद को स्वीकृति प्रदान की। आनंद ने चार प्रार्थनाएँ कीं, ''भगवान्! अपने पाए उजम चीवर मुझे न दें, भिक्षा न दें, एक गंध कुटी में निवास न दें और निमंत्रण में लेकर न जाएँ।'' कारण पूछने पर आनंद ने स्पष्ट किया, ''यदि आप इन्हें मुझे देंगे तो लोग समझेंगे कि अपने स्वार्थ के लिए मैं आपका परिचारक बना हूँ।'' बुद्ध ने तत्काल आनंद को परिचारक नियुक्त कर दिया।

वस्तुत:, जिसके मन में निर्मल भावनाएँ और सच्ची निष्ठा हो, उसे आराध्य पर सर्वाधिकार सहज ही प्राप्त हो जाता है।

एक भिक्षु ने राजा को ज्ञान दिया

एक राजा हमेशा उदास रहता था। लाख कोशिश करने के बावजूद उसे शांति नहीं मिलती थी। एक बार उसके नगर में एक भिक्षु आया। भिक्षु के ज्ञानपूर्ण उपदेश से राजा बहुत प्रभावित हुआ। उसने भिक्षु से पूछा, ''मैं राजा हूँ, मेरे पास सबकुछ है, किंतु फिर भी मेरे मन में शांति नहीं है। मुझे क्या करना चाहिए?'' भिक्षु बोला, ''आप अकेले में बैठकर चिंतन करें।'' राजा अगले दिन सुबह अपने कक्ष में आसन जमाकर बैठ गया। तभी उसके महल का एक कर्मचारी सफाई के लिए राजा के पास आया। राजा उससे बात करने लगा। कर्मचारी से राजा ने उसकी परेशानियाँ पूछीं, जिन्हें सुनकर उसका दिल भर आया। इसके बाद राजा हर कर्मचारी के कष्ट व दुःख जानने लगा। सबकी व्यथा सुनने के बाद राजा ने निष्कर्ष निकाला कि वेतन कम होने से सभी आर्थिक रूप से त्रस्त थे। राजा ने तत्काल उनके वेतन में वृद्धि की, जिससे वे सभी खुश हो गए और उन्होंने राजा के प्रति आभार व्यक्त किया, अगले दिन जब राजा की भिक्षु से भेंट हुई, तो उसने पूछा, ''राजन्! आपको कुछ शांति प्राप्त हुई?'' राजा बोला, ''मुझे पूर्ण रूप से तो शांति नहीं मिली, किंतु जबसे मैंने मनुष्य के दुःखों के स्वरूप को जाना है, अशांति थोड़ी-थोड़ी जाती रही।'' तब भिक्षु ने समझाया, ''राजन्! आपने शांति के मार्ग को खोज लिया है। बस, उस पर आगे बढ़ते जाएँ। एक राजा तभी प्रसन्न रह सकता है, जब उसकी प्रजा सुखी हो।''

सार यह है कि मन की शांति स्वयं के सुख से अधिक दूसरों के दुःख हरकर उन्हें सुखी बनाने से मिलती है, इसलिए यथाशक्ति दूसरों की सहायता करें।

आत्म-साक्षात्कार आवश्यक है

जीवन में एक अज्ञात भय ऐसा है जो ज्ञात भी है, परंतु है सबसे बड़ा और वह है मृत्यु का भय। उम्र, मौत और जिंदगी, इन तीनों के मामले में संसारी और साधु का फर्क देखें तो भयमुक्त हुआ जा सकता है। संत कितना जिए, यह महज्वपूर्ण नहीं होता, कैसे जिए यह उपयोगी होता है। देह त्यागने के पूर्व बुद्ध ने जो अंतिम वाक्य कहे थे, उसे समझा जाना चाहिए, ''हंद दानि भिक्खवे आमंत यामि वो, वह धमा संरवारा अप्पमादीन संपादे था इति।'' अर्थात् हर वस्तु नाशवान है, जीवन का संपादन अप्रमाद के साथ करो। आलस्य के साथ वासना का समावेश हो जाए तो प्रमाद शुरू होता है। बुद्ध ने अपने भिक्षुओं को अपनी अंतिम क्रिया के बारे में भी विस्तार से समझा दिया था। मौत को उन्होंने उत्सव बनाया। भौतिकता की आँधी में आज हम इतने भयभीत हैं कि साँप को तो मार देते हैं और रस्सी से डर जाते हैं। हमारी मौत अवसाद तथा संतों की मृत्यु उपदेश हो जाती है। इसे दिव्य बनाने का प्रयास उम्र के हर पल में और जिंदगी के हर पड़ाव पर सतत करना होगा। कहते हैं, जब बुद्ध संसार से गए तो उनकी उम्र अस्सी वर्ष थी, लेकिन संत समाज मानता है कि वे चालीस साल के थे, क्योंकि जब वे चालीस वर्ष के थे तब एक पीपल के वृक्ष के नीचे सात दिन सतत समाधि में रहे और तब ही उन्हें पूर्णिमा के दिन बुद्धत्व प्राप्त हुआ था। उसके बाद वे चालीस वर्ष और जीवित रहे।

अध्यात्म कहता है उम्र तो उसी को मानेंगे, जिन क्षणों में आप स्वयं को जान गए। इसलिए याद रखें 'कितना जिए' यह संसार का समीकरण है, 'कैसा जिए' यह अध्यात्म का गणित है। ☐

बुद्ध का समत्व भाव

गौतम बुद्ध निर्जन जंगल में एक पहाड़ी पर बैठे ध्यान कर रहे थे। वहाँ चारों ओर शांति थी। कहीं कोई शोर नहीं था। ध्यान करने के लिए इससे उपयुक्त स्थान और कहीं नहीं हो सकता, यही सोचकर बुद्ध ने इसे चुना था। अचानक इस नीरवता को एक कोलाहल ने भंग कर दिया। कुछ दुश्चरित्र लोग एक वेश्या को लेकर वहाँ आमोद-प्रमोद के लिए आ धमके। एक क्षण में वातावरण की पवित्रता भंग हो गई और शांति, अशांति में बदल गई। उन लोगों ने मदिरापन शुरू कर दिया। इसी बीच वेश्या अवसर पाकर भाग गई। उन दुष्टों ने उसे वस्त्रविहीन कर दिया था। जब मदिरा का नशा थोड़ा उतरा तो वे लोग उसे खोजने निकले। थोड़ी दूर जाने पर उन्हें ध्यानस्थ बुद्ध दिखाई दिए। उन्होंने बुद्ध का ध्यान भंग कर पूछा, "क्या तुमने यहाँ से किसी को जाते देखा?" बुद्ध के 'नहीं' कहने पर उन्होंने फिर पूछा, "क्या तुमने एक सुंदर स्त्री को यहाँ से जाते देखा?" बुद्ध द्वारा इनकार करने पर उन्होंने निर्लज्जता से पूछा, "क्या यहाँ से एक निर्वस्त्र स्त्री को भागकर जाते देखा?" बुद्ध ने शांत भाव से उत्तर दिया, "यहाँ से कोई गया जरूर था, किंतु वह स्त्री थी या पुरुष, मेरे लिए यह पहचान करना असंभव है। जब तुझ्हारा मन भी वासनाविहीन हो जाएगा तो वह भी स्त्री-पुरुष या वस्त्रधारी-निर्वस्त्रधारी का भेद करना भूल जाएगा।" सभी दुष्ट अपनी भूल जान लज्जित होकर वहाँ से चले गए।

सार यह है कि साधुता विकार रहित और निरपेक्ष दृष्टि से देखती है। वहाँ प्राणिमात्र में किसी प्रकार के भेद के लिए कोई स्थान नहीं होता।

बुद्ध पुनः साधना में लग गए

भगवान् बुद्ध ज्ञान प्राप्ति के लिए घोर तप में लगे थे। उन्होंने शरीर को काफी कष्ट दिया, यात्राएँ कीं, घने जंगलों में कठिन साधना की, पर आत्म-ज्ञान की प्राप्ति नहीं हुई। निराश हो बुद्ध सोचने लगे, 'मैंने अभी तक कुछ भी प्राप्त नहीं किया। अब आगे क्या कर पाऊँगा?' निराशा, अविश्वास के इन नकारात्मक भावों ने उन्हें क्षुब्ध कर दिया। कुछ ही क्षणों के बाद उन्हें प्यास लगी। वे थोड़ी दूर स्थित एक झील तक पहुँचे। वहाँ उन्होंने एक दृश्य देखा कि एक नन्ही सी गिलहरी के दो बच्चे झील में डूब गए। पहले तो वह गिलहरी जड़वत् बैठी रही, फिर कुछ देर बाद उठकर झील के पास गई, अपना सारा शरीर झील के पानी में भिगोया और फिर बाहर आकर पानी झाड़ने लगी। ऐसा वह बार-बार करने लगी। बुद्ध सोचने लगे कि इस गिलहरी का प्रयास कितना मूर्खतापूर्ण है। क्या कभी यह इस झील को सुखा सकेगी? किंतु गिलहरी का यह क्रम लगातार जारी था। बुद्ध को लगा मानो गिलहरी कह रही हो कि यह झील कभी खाली होगी या नहीं, यह मैं नहीं जानती, किंतु मैं अपना प्रयास नहीं छोड़ूँगी। अत: उस छोटी सी गिलहरी ने भगवान् बुद्ध को अपने लक्ष्य-मार्ग से विचलित होने से बचा लिया। वे सोचने लगे कि जब यह नन्ही गिलहरी अपने लघु सामर्थ्य से झील को सुखा देने के लिए दृढ़ संकल्पित है तो मुझमें क्या कमी है? मैं तो इससे हजार गुना अधिक क्षमता रखता हूँ। यह सोचकर गौतम बुद्ध पुन: अपनी साधना में लग गए और एक दिन बोधिवृक्ष

तले उन्हें ज्ञान का आलोक प्राप्त हुआ।

    यह कथा असफलता के बावजूद प्रयासों की निरंतरता पर बल देती है। यदि हम प्रयास करना न छोड़ें तो एक-न-एक दिन लक्ष्य की प्राप्ति हो ही जाती है।

☐

बुद्ध से यक्ष ने क्षमा माँगी

बुद्ध अपने साधना काल में एक निर्जन स्थान पर ध्यानमग्न बैठे थे, इसी स्थान पर एक यक्ष का वास था। यह बात बुद्ध को ज्ञात नहीं थी, वे तो वहाँ पहुँचे और शांत वातावरण देखकर ध्यानमग्न हो गए। उस समय यक्ष वहाँ पर नहीं था। रात होने पर जब वह आया, तो उस स्थान पर एक अनजान व्यक्ति को देखकर आग-बबूला हो गया। बड़े जोर से वह दहाड़ा, किंतु बुद्ध का ध्यान भंग नहीं हुआ। यक्ष ने उन्हें हाथी का रूप धारण कर डराना चाहा, किंतु बुद्ध यथावत् ध्यानमग्न बैठे रहे। उसने बुद्ध को डराने के लिए क्रमश: शेर, चीता, बाघ आदि का रूप धारण किया, किंतु बुद्ध अविचलित ही बने रहे, अंत में उसने भयंकर विषधर का रूप धारण कर उनके पैर के अँगूठे को डँस लिया। किंतु बुद्ध पर उसके विष का भी कोई असर नहीं हुआ। वे अब भी अप्रभावित रहे। विषधर उनके शरीर पर चढ़ गया और उनके गले से लिपटकर उन्हें जोरों से काट लिया। लेकिन इतने प्रयासों के बावजूद भी बुद्ध की साधना को भंग नहीं कर पाया।

थक-हारकर नीचे उतर आया और उनसे कुछ कदमों की दूरी पर लेटकर अपनी थकान उतारने लगा। ध्यान पूर्ण होने पर बुद्ध ने उसकी तरफ देखा और उसे बहुत स्नेह से दुलारा। उनका निश्छल प्रेम देखकर सर्प का विष अमृत बन गया और यक्ष ने श्रद्धापूर्वक बुद्ध को नमन किया।

कहानी का सार यह है कि मन की कलुषता पर एकाग्रता, स्नेह और समभाव से ही विजय प्राप्त की जा सकती है।

एक क्रोधी ने बौद्ध धर्म अपनाया

बौद्ध भिक्षु बोधिधर्म भ्रमण करते हुए एक गाँव में पहुँचे। लोग उनका बहुत आदर करते थे। बोधिधर्म व उनके शिष्यों का ग्रामीणों ने हार्दिक सत्कार किया और फिर उनके पवित्र वचनों को सुनने के लिए उनके आस-पास एकत्रित हो गए। बोधिधर्म लोगों को धर्म और आचरण विषयक अच्छी बातें सरल भाषा में समझाने लगे, तभी वहाँ एक व्यक्ति आया और बोधिधर्म को अपशज़्द कहने लगा। उपस्थित जनसमूह ने उसे रोकने का बहुत प्रयास किया, किंतु वह नहीं माना तथा अनवरत बोधिधर्म को बुरा-भला कहता रहा। लोगों ने कहा कि महाराज! यह व्यक्ति कितना उद्दंड है, निरर्थक ही आपको अपशज़्द कह रहा है। बोधिधर्म उस व्यक्ति के इस आचरण पर कदापि क्रोधित नहीं हुए और लोगों से बोले कि यह भविष्य में मेरा सबसे बड़ा भक्त बनने वाला है। लोगों ने पूछा कि कैसे? बोधिधर्म ने उज़र दिया, "कोई कुज़्हार के यहाँ घड़ा लेने जाता है तो घड़े को बजाकर देखा जाता है कि वह फूटा हुआ तो नहीं है। जब एक-दो रुपए के घड़े की कोई इतनी परखकर सकता है तो भला जिसे गुरु मानना है, उसे दस-बीस गालियाँ दिए बगैर कैसे पहचानेगा? पहले वह परीक्षा लेगा कि गुरु में धैर्य, आक्रोश व समता भाव कितना है। यह जानने के बाद ही तो वह गुरु को स्वीकारेगा, इसलिए यह व्यक्ति मुझे निरर्थक ही अपशज़्द नहीं कह रहा है" और आगे चलकर वास्तव में वह व्यक्ति बोधिधर्म का सबसे बड़ा भक्त बना।

किसी को शिक्षा देने से पूर्व स्वयं का आचरण भी तदनुरूप होना चाहिए, तभी गुरु का महान् पद मिलता है। वस्तुत: गुरु की गुरुता तभी स्वीकारी जाती है, जबकि उसमें सदाचरण के सभी लक्षण मौजूद हों। □

बौद्ध भिक्षु और विशाखा

श्रावस्ती के नगर सेठ मिगार काफी संपन्न थे। घर में पुत्र और पुत्रवधू विशाखा थे। एक दिन मिगार भोजन कर रहे थे। विशाखा उन्हें पंखा झल रही थी। उसी समय एक बौद्ध भिक्षु भिक्षा माँगने आया। विशाखा ने सोचा कि ससुर आज्ञा दें तो वह उठकर भिक्षु के लिए कुछ लाए, किंतु मिगार ने भिक्षु की पुकार अनसुनी कर दी। वे चुपचाप भोजन करते रहे। भिक्षु ने जब फिर पुकारा तो विशाखा बोली, ''आर्य, मेरे ससुर बासी अन्न खा रहे हैं, अतः आप अन्यत्र पधारें।'' यह सुनते ही मिगार की आँखें क्रोध से लाल हो गईं। वे तत्काल भोजन छोड़कर उठ खड़े हुए और विशाखा से बोले, ''तूने मेरा अपमान किया है। मेरे घर से अभी निकल जा।'' विशाखा ने नम्र स्वर में कहा, ''मेरे विवाह के समय आपने मेरे पिता को वचन दिया था कि मुझसे कोई भूल हो जाने पर आप आठ सद्गृहस्थों से उसके विषय में निर्णय कराएँगे और तब मुझे दंड देंगे।'' नगरसेठ ने तत्काल आठ प्रतिष्ठित व्यक्तियों को बुलवाया। विशाखा ने उनके समक्ष पूरी बात बताकर कहा, ''मनुष्य को अपने पूर्वजन्म के पुण्यों के फल से ही संपज़ि मिलती है। मेरे श्वसुर को जो संपज़ि मिली है, वह भी उनके पहले के पुण्यों का फल है। इन्होंने अब नवीन पुण्य करना बंद कर दिया। इसी कारण मैंने कहा कि ये बासी अन्न खा रहे हैं।'' यह सुनकर पंचों को निर्णय नहीं देना पड़ा। नगरसेठ ने ही लज्जित होकर विशाखा से क्षमा माँग ली।

सार यह है कि 'स्व' के साथ 'पर' की भी चिंता करना एक सच्चे सद्गृहस्थ का लक्षण है और यही परहित चिंतन हमें यश और पुण्य का भागी बनाता है। □

ज्ञान को सावधानी से सुनना चाहिए

महात्मा गौतम बुद्ध के श्रावस्ती में प्रवचन चल रहे थे। प्रवचन में नित्य ही बड़ी संज़्या में लोग आते और विविध महज़्वपूर्ण व गंभीर विषयों पर बुद्ध से ज्ञान ग्रहण करते। बुद्ध का शिष्य वर्ग भी काफी विशाल था, जो प्रवचन स्थल की व्यवस्था सँभालता और बुद्ध की सेवा में सदैव तत्पर रहता। एक बार रात के समय महात्मा बुद्ध प्रवचन दे रहे थे। सदैव की भाँति काफी लोग उनके प्रवचन सुन रहे थे। एक व्यक्ति जो बुद्ध के ठीक सामने बैठा था, बार-बार नींद के झोंके ले रहा था। बुद्ध थोड़ी देर तक तो प्रवचन देते रहे, फिर उससे बोले, ''वत्स, सो रहे हो?'' उस व्यक्ति ने हड़बड़ाकर कहा, ''नहीं महात्मा।'' बुद्ध ने पुनः प्रवचन प्रारंभ किए। वह व्यक्ति फिर ऊँघने लगा। महात्मा ने फिर वही प्रश्न दोहराया और उसने फिर अचकचाकर ''नहीं महात्मा'' कहा। ऐसा लगभग आठ-दस बार हो गया। कुछ देर बाद बुद्ध ने उससे पूछा, ''वत्स, जीवित हो?'' हर बार की तरह इस बार भी उसने कहा, ''नहीं महात्मा।'' यह सुनकर उपस्थित श्रोताओं में हँसी की लहर दौड़ गई और वह व्यक्ति पूर्णतः चैतन्य हो गया। तब बुद्ध गंभीर होकर बोले, ''वत्स! निद्रा में तुज़्हारे मुख से सही उज़्र मिल ही गया। जो निद्रा में है, वह मृतक समान ही है।''

महात्मा बुद्ध का संकेत था कि गुरु से ज्ञान ग्रहण करते वक्त सजगता अत्यंत आवश्यक है। गाफिल रहने की स्थिति में ज्ञान की प्राप्ति पूर्ण नहीं होती और अधकचरा ज्ञान सदैव खतरनाक साबित होता है।

□

बुद्ध ने संयम सिखाया

बुद्ध के पास उनका एक शिष्य आया और बौखलाए स्वर में बोला, ''जमींदार राम सिंह ने मेरा अपमान किया है। आप सभी चलें। उसे सबक सिखाना होगा।'' बुद्ध बोले, ''प्रियवर, सच्चे बौद्ध का अपमान करने की शक्ति किसी में नहीं होती। तुम इस बात को भुला दो। जब प्रसंग भुला दोगे तो अपमान कहाँ बचा रहेगा।'' शिष्य ने कहा, ''उसने आपके प्रति भी अपशब्दों का प्रयोग किया था। आप चलिए तो सही। आपको देखते ही वह शर्मिंदा हो जाएगा और क्षमा माँग लेगा। इससे मैं संतुष्ट हो जाऊँगा।'' बुद्ध कुछ विचार कर बोले, ''अच्छा यदि ऐसी बात है तो मैं अवश्य ही रामजी के पास चलकर उसे समझाने का प्रयास करूँगा।'' शिष्य ने आतुर होकर कहा, ''चलिए, नहीं तो रात हो जाएगी।'' बुद्ध ने कहा, ''रात आएगी तो क्या! रात के पश्चात दिन भी तो आएगा। यदि तुम वहाँ चलना आवश्यक ही समझते हो तो मुझे कल याद दिलाना। कल चलेंगे।'' दूसरे दिन बात आई-गई हो गई। शिष्य अपने काम में लग गया और बुद्ध अपनी साधना में लीन हो गए। दोपहर होने पर बुद्ध ने शिष्य से पूछा, '' आज रामजी के पास चलना है?'' शिष्य ने कहा, ''नहीं, मैंने जब घटना पर फिर से विचार किया तो मुझे इस बात का आभास हुआ कि भूल मेरी ही थी। अब रामजी के पास चलने की कोई जरूरत नहीं है।'' बुद्ध ने मुसकराकर कहा, ''अगर हम तुरंत प्रतिक्रिया देने से बचें तो हमारे भीतर की कटुता समाप्त हो जाती है।''

शिष्य बुद्ध का आशय समझ उनके प्रति नतमस्तक हो गया।

सिद्धार्थ ने मौन का महत्त्व समझाया

कथा सिद्धार्थ के जीवन के उस दौर की है, जब वे बुद्धत्व को प्राप्त नहीं हुए थे और निरंजना नदी के तटीय वनों में वृक्ष के नीचे ध्यान करते थे। सिद्धार्थ प्रतिदिन ध्यान करने के बाद पास के किसी गाँव में चले जाते और भिक्षा माँगकर लौट आते। कुछ दिनों के बाद उन्होंने भिक्षाटन पर जाना बंद कर दिया, क्योंकि एक गाँव के प्रधान की छोटी बेटी सुजाता उनके लिए नित्य भोजन लाने लगी। सिद्धार्थ को वह बड़े स्नेह से भोजन कराती थी। कुछ दिनों बाद उसी गाँव का एक चरवाहा भी सिद्धार्थ से प्रभावित होकर उनके पास आने लगा। उसका नाम स्वस्ति था। एक दिन स्वस्ति से सिद्धार्थ बातें कर रहे थे कि सुजाता भोजन लेकर आई। जैसे ही सिद्धार्थ ने भोजन करना शुरू किया, उन्होंने बातचीत बंद कर दी। जितनी देर तक वे भोजन करते रहे, बिल्कुल चुप रहे और वहाँ सन्नाटा छाया रहा। स्वस्ति को हैरानी हुई। उसने सिद्धार्थ के भोजन करने के उपरांत उनसे पूछा, ''गुरुदेव! आप मेरे आने के बाद निरंतर वार्ज़ालाप करते रहे, किंतु भोजन के समय एक शज़्द भी नहीं बोले। इसका क्या कारण है?'' सिद्धार्थ बोले, ''भोजन का निर्माण बड़ी कठिनाई से होता है। किसान पहले बीज बोता है, फिर पौधों की रखवाली करता है और तब कहीं जाकर अनाज पैदा होता है। फिर घर की महिलाएँ उसे बड़े जतन से खाने योग्य बनाती हैं। इतनी कठिनाई से तैयार भोजन का पूरा आनंद तभी संभव है, जब हम पूर्णतः मौन हों। अतः, भोजन के दौरान मैं मौन रहकर उसका पूरा स्वाद लेता हूँ।''

वस्तुतः शांति से किया गया भोजन न केवल शारीरिक भूख को तृप्त करता है, बल्कि मानसिक आनंद और साज़्विक ऊर्जा भी देता है। □

बुद्ध का आत्म-नियंत्रण

एक लड़का अत्यंत जिज्ञासु था। जहाँ भी उसे कोई नई चीज सीखने को मिलती, वह उसे सीखने के लिए तत्पर हो जाता। उसने एक तीर बनानेवाले से तीर बनाना सीखा, नाव बनानेवाले से नाव बनाना सीखा, मकान बनानेवाले से मकान बनाना सीखा, बाँसुरीवाले से बाँसुरी बनाना सीखा। इस प्रकार वह अनेक कलाओं में प्रवीण हो गया। लेकिन उसमें थोड़ा अहंकार आ गया। वह अपने परिजनों व मित्रों से कहता, ''इस पूरी दुनिया में मुझ जैसा प्रतिभा का धनी कोई नहीं होगा।''

एक शहर में गौतम बुद्ध का आगमन हुआ। उन्होंने जब उस लड़के की कला और अहंकार दोनों के विषय में सुना, तो मन में सोचा कि इस लड़के को एक ऐसी कला सिखानी चाहिए, जो अब तक की सीखी कलाओं से बड़ी हो। वे भिक्षा का पात्र लेकर उसके पास गए। लड़के ने पूछा, ''आप कौन हैं?'' बुद्ध बोले, ''मैं अपने शरीर को नियंत्रण में रखने वाला एक आदमी हूँ।'' लड़के ने उन्हें अपनी बात स्पष्ट करने के लिए कहा। तब उन्होंने कहा, ''जो तीर चलाना जानता है, वह तीर चलाता है। जो नाव चलाना जानता है, वह नाव चलाता है। जो मकान बनाना जानता है, वह मकान बनाता है, मगर जो ज्ञानी है, वह स्वयं पर शासन करता है।'' लड़के ने पूछा, ''वह कैसे?'' बुद्ध ने उज़र दिया, ''यदि कोई उसकी प्रशंसा करता है, तो वह अभिमान से फूलकर खुश नहीं हो जाता और यदि कोई उसकी निंदा करता है, तो भी वह शांत बना रहता है, ऐसा व्यक्ति ही सदैव

आनंद में रहता है।'' लड़का जान गया कि सबसे बड़ी कला स्वयं को वश में रखना है।

कथा सार यह है कि आत्मनियंत्रण जब सध जाता है, तो समभाव आता है और यही समभाव अनुकूल-प्रतिकूल दोनों स्थितियों में हमें प्रसन्न रखता है।

सम्राट् अशोक और बुद्ध

सम्राट् अशोक संपूर्ण भारत को अपने राज्य में मिलाना चाहते थे, पर कलिंग के युद्ध में हुए रक्तपात को देखकर उन्हें अत्यधिक दुःख पहुँचा। उनकी महज्वाकांक्षा ने जो तबाही मचाई थी, उसे देखकर उन्हें खुद पर ग्लानि हुई। उन्होंने देखा कि लोग दर्द से कराह रहे थे। यह सब विनाश केवल उनकी महज्वाकांक्षा से हुआ था। यह सब देखकर अशोक के मन में विनाश का पथ छोड़कर नेकी के रास्ते पर चलने का विचार जगा। अशोक की राजधानी पाटलिपुत्र थी। पाटलिपुत्र अब पटना के रूप में जाना जाता है। पटना से गया भी अधिक दूर नहीं है, जहाँ बोधिवृक्ष के नीचे महात्मा बुद्ध को ज्ञान प्राप्त हुआ था। बुद्ध के अष्टप्रद मार्ग, शांति व दया के संदेश ने अशोक के दिलोदिमाग में इतनी उथल-पुथल पैदा कर दीया कि उन्होंने उस मार्ग को अपनाने का फैसला किया। इस पथ पर चलने से उन्होंने इतिहास में अपनी अमिट छाप छोड़ी।

अशोक ने अपने पुत्र को सिलोन (अब श्रीलंका) और अन्य कई लोगों को सुदूर क्षेत्रों में दूत बनाकर भेजा। एक निर्दयी महज्वाकांक्षा एक ऐसे पवित्र उद्देश्य में बदल चुकी थी, जिसमें कुछ अच्छा कर गुजरने की, करुणा और प्रेम के संदेश को चारों ओर फैलाने की इच्छा थी। करुणा केवल दया भावना मात्र नहीं है। यह आपके अंदर दूसरों की मदद करने की तीव्र इच्छा पैदा करती है। इसी भावना ने बुद्ध को भगवान् और अशोक को महान् बनाया।

सदैव अपनी आँखें खुली रखो

तथागत बुद्ध उन दिनों मगध प्रवास पर थे। साथ में शिष्यों का बड़ा समूह भी था। प्रतिदिन बुद्ध के प्रवचन होते, जिनका लाभ लेने के लिए बड़ी संज़्या में लोग आते। इन लोगों में साधारण जन के साथ विशिष्ट हस्तियाँ भी शामिल रहती थीं। हालाँकि, बुद्ध सभी के प्रति समान रूप से प्रेम व आत्मीयता का व्यवहार रखते थे। इन लोगों में नगर सेठ का पुत्र भी था, जो बड़े ध्यान से बुद्ध के प्रवचन सुनता था। वह नित्य ही बुद्ध के शिष्यों के समक्ष बुद्ध की तारीफों के पुल बाँधता और धन्य-धन्य भाव से घर जाता। एक दिन प्रवचन समाप्त होने के बाद उसने किसी शिष्य से कहकर बुद्ध से मिलने की हार्दिक इच्छा प्रकट की। जब उसे बुद्ध के सामने ले जाया गया, तो उसने उन्हें साष्टांग प्रणाम कर कहा, ''भगवन! आप जैसा तपस्वी और ज्ञानी व्यक्ति पहले न कभी हुआ था और न भविष्य में होगा।'' यह सुनते ही बुद्ध ने उसकी बात बीच में ही रोककर कहा, ''वत्स! क्या तुमने इतना अध्ययन कर लिया है कि अब तक कितने संत-महापुरुष हुए हैं? और क्या भविष्य भी जान चुके हो कि आगे और कोई नहीं होगा?'' युवक लज्जित भाव से चुप खड़ा रहा, क्योंकि इस बात का उसके पास कोई जवाब नहीं था। बुद्ध ने अपनी बात समाप्त करते हुए उसे सीख दी, ''सदैव अपनी आँखें खुली रखो। जो जैसा है, उसे वैसा ही महज़्व दो। किसी से उसकी तुलना मत करो।''

कथा का सार यह है कि किसी भी क्षेत्र के अधिकारी विद्वान् की स्वतंत्र रूप से प्रंशसा करना उचित है, किंतु सर्वश्रेष्ठ बताना अनुचित, क्योंकि श्रेष्ठता को व्यक्ति, समय व स्थान की सीमाओं में नहीं बाँधा जा सकता। □

बुद्ध की एकाग्रता

एक बार भगवान् बुद्ध एक गाँव के समीप एक शाला में निवास कर रहे थे। दिन का समय था। आकाश में घटाएँ घिर रही थीं। थोड़ी ही देर में मूसलधार बारिश होने लगी। आस-पास के लोगों में अपने बाहर रखे सामानों को हटाने की हड़बड़ी मच गई। इसी आपाधापी में कुछ लोग गिर भी गए और उन्हें चोट आई। तभी जोर से बिजली कड़की और वहीं काम कर रहे दो किसानों एवं चार बैलों को अपनी चपेट में ले लिया। इन सभी की तत्काल मृत्यु हो गई। इस हादसे के कारण वहाँ भारी भीड़ एकत्रित हो गई। उस समय भगवान् बुद्ध वहीं शाला के बरामदे में टहल रहे थे। लोगों ने उन्हें घटना के विषय में बताया, तो उन्होंने अनभिज्ञता जाहिर की।

ग्रामीणों से उनका वार्त्तालाप कुछ ऐसे चला, ''भंते! आप उस समय कहाँ थे?''

बुद्ध बोले, ''आयुष्मान्! यहीं था।''

''आपने बादलों को घुमड़ते और बिजली को चमकते देखा?''

''नहीं देखा।''

''भंते! आपने बिजली का किसानों पर गिरना नहीं देखा?''

''नहीं देखा।''

''भंते! आप सो गए थे?''

''नहीं, मैं जाग रहा था।''

''भंते! आप होश में थे?''

''हाँ, आयुष्मान्! मैं होश में था।''

"तो भंते! आपने होश में जागते हुए न गरजते बादलों को सुना, न बिजली की कड़क सुनी और न उसके गिरने को देखा?"

"हाँ, आयुष्मान्!"

गौतम बुद्ध की ऐसी एकाग्रता देख उपस्थित लोग उनके प्रति श्रद्धावनत हो गए।

सार यह है कि लक्ष्य के प्रति एकाग्रता उसकी शीघ्र उपलब्धि का अच्छा साधन है। आज की युवा पीढ़ी एकाग्रता के जरिए अपने बड़े सपनों को जल्दी पूरा कर सकती है।

◻

बुद्ध का भिक्षु और वासवदंता

बुद्ध का एक शिष्य उनका उपदेश सुनकर भिक्षु हो गया। वह एक दिन नगर में भिक्षा माँगने गया। नियम था कि तीन घरों में भिक्षा माँगी जाती थी। बुद्ध के लगभग सारे शिष्य युवक थे। ये भिक्षु युवक भी शरीर से गठीला और सुंदर था। एक तो वह यौवन के रंग में रँगा हुआ था, अर्थात् तन में आकर्षण था, दूसरा मन पवित्र था अर्थात् मन में ईश्वरीय शक्ति भरी हुई थी। जिसका तन और मन दोनों सुंदर है, वह परमात्मा के निकट है।

वह भिक्षु एक घर के सामने भिक्षा माँगने के लिए रुका। वह मकान वासवदंता नाम की एक वेश्या का था। वह भिक्षु की आवाज सुनकर तुरंत बाहर आई और द्वार पर देखा कि एक सुंदर नौजवान जिसका शरीर गठा हुआ है एवं उसका मुख एक अलौकिक आभा से युक्त है। उसको देखकर ऐसा लग रहा था कि वह भिक्षु युवक शांति और आनंद में डूबा हुआ है।

वेश्या उसे देखकर हैरान रह गई। जबकि वह स्वयं भी बहुत सुंदर थी। सारा वैशाली नगर उसके पीछे घूमता था कि वह हमको स्वीकार कर ले, हमसे विवाह कर ले, पर वह किसी को भी स्वीकार नहीं करती थी।

उस बलिष्ठ और सुंदर नौजवान भिक्षु को देखते ही वासवदंता उसे अपना दिल दे बैठी। उसने भिक्षु से कहा, ''घर के भीतर आओ, तनिक बैठो।'' भिक्षु ने इनकार कर दिया, ''देवी! मैं अभी नहीं आ सकता हूँ।''

वेश्या ने कहा, ''भिक्षु कभी इनकार नहीं करते। कोई बुलाए तो जाना चाहिए। मेरे भवन के भीतर आओ। हे भिक्षु! अगर भीतर आओगे तो कुछ-न-कुछ तो पाओगे ही।'' भिक्षु ने कहा, ''अगर कुछ देना है तो द्वार

पर ही दे दो।'' उस वेश्या का दिल और दिमाग उस युवक के आकर्षण में बिल्कुल डूब चुका था। उसको कुछ सुनाई ही नहीं पड़ रहा था। वह भिक्षु कुछ क्षण रुककर आगे की ओर बढ़ गया।

दासी ने आकर कहा, ''अब द्वार पर कोई नहीं है। भीतर चलो।'' वासवदंता की तंद्रा टूटी। वह बहुत दुःखी और पीड़ित हुई। जब स्त्री के प्रणय-निवेदन को कोई पुरुष ठुकरा देता है तो उसकी हालत बड़ी खराब हो जाती है। वासवदंता ने अपने जीवन में एक ही बार एक ही पुरुष के प्रति लगाव रखा था। उसने भी इनकार कर दिया, दिल टूट गया। उसने नृत्य बंद कर दिया, गाना बंद कर दिया। जो दिन भर मुसकराती थी और लोगों का मनोरंजन करती थी, वह सुंदरी वासवदंता बिल्कुल मौन हो गई। भवन के द्वार सबके लिए बंद हो गए। वह किसी से भी नहीं मिलती थी।

कई धनाढ्य लोगों के निमंत्रण आते थे। आओ, हमारे उत्सव में खुशियाँ बिखेर दो, किंतु वह इनकार कर देती थी। एकांत को उसने अपने जीवन का साथी बना लिया। दासी अच्छा-अच्छा भोजन बनाती थी पर उसकी भूख और प्यास को वह भिक्षु मानो सदा के लिए ले गया हो।

वासवदंता को रात-दिन वह भिक्षु याद आता था। वह बहुत कमजोर हो गई और बीमार रहने लगी। कहते हैं कि चिंता चिता से बड़ी होती है। चिता एक बार जलाती है और चिंता सदैव जलाती रहती है। वह कहीं आती-जाती नहीं थी। एक ही स्थान पर लेटे-लेटे उसके शरीर में कई जख्म हो गए। उसकी सुंदरता कुरूपता में बदल गई। अब उसे कोई देखना भी पसंद नहीं करता था।

बहुत समय के बाद फिर वही भिक्षु उस नगर में पुनः आया। उसे मालूम पड़ा कि वासवदंता बहुत बीमार है, उसकी हालत बहुत खराब है। भिक्षु उसके द्वार पर गया। दासी ने जाकर कहा कि वही भिक्षु आए हैं। वासवदंता ने दासी से कहा, ''यहाँ पर मत आने दो। जब मैं सुंदर युवती थी, बहुत खूबसूरत थी, तब मेरा निवेदन स्वीकार न किया, अब मैं बदसूरत

और बीमार हो गई हूँ। अब मैं इनके सामने कैसे जाऊँ, नहीं जाऊँगी।'' पर भिक्षु आ गए।

''हे देवी! आज तुझे मेरी जरूरत है। उस समय तुमको मेरी जरूरत नहीं थी। उस समय तेरी सुंदरता, तेरे नाच-गाने से मोहित होने वाले हजारों थे, किंतु दुःख की घड़ी में सब दूर हो जाते हैं। अब तू चिंता न कर, शर्मिंदा मत हो। मैं तेरे पास रहकर, तेरी सेवा करूँगा। भिक्षु ने पवित्र भाव से उसकी सेवा की। वासवदंता की वासना मिट गई। उसका विवेक जाग उठा। भिक्षु उसे बुद्ध के पास ले गए। उसने प्रार्थना की, ''मुझे दीक्षा दो।'' बुद्ध से दीक्षा पाकर वह भिक्षुणी हो गई। अपना जीवन पतित से पावन कर लिया।

बुद्धं शरणम् गच्छामि!

बुद्ध ने सेठ को ज्ञान दिया

गौतम बुद्ध संन्यास ग्रहण कर चुके थे और उन्होंने अपना जीवन दूसरों की सेवा तथा जनकल्याण को समर्पित कर दिया था। गौतम बुद्ध अनेक स्थानों की यात्रा करते और अपने अनमोल उपदेशों से लोगों का नैतिक जीवन सुधारने का प्रयास करते। बुद्ध अनेक कथाओं और उदाहरणों के माध्यम से अपनी बात जनता के समक्ष रखते, जो सीधे उसके हृदय में उतर जाती। स्वयं अपना जीवन भी गौतम बुद्ध ने इतना आदर्श बना लिया था कि सादगी और समानता का वे प्रत्यक्ष उदाहरण बन गए थे।

एक बार एक धनी सेठ ने उनसे भिक्षाटन हेतु अपने घर आने का आग्रह किया। बुद्ध ने सहर्ष इस प्रस्ताव को मान लिया। सेठ ने मेवों की खीर बनवाई थी। गौतम बुद्ध उसके घर पहुँचे और गोबर से भरा कमंडल आगे बढ़ाते हुए खीर उसमें डालने के लिए कहा। अस्वच्छ कमंडल देख सेठ ने उसे पहले धोया और फिर उसमें खीर भरकर बुद्ध के हाथ में दे दिया। यह देख बुद्ध ने सेठ से कहा, "हमारे आशीर्वाद को भी यदि आप खीर जितना ही मूल्यवान समझते हो तो उसे रखने के लिए मन रूपी पात्र को भी शुद्ध व पवित्र करो। गोबर जैसी मलिनता अपने अंतस के भीतर भरे रखने पर ये दान-धर्म आपके किसी काम न आ सकेगा।" यह सुनकर सेठ की आँखें खुल गईं और उसने अपने पात्र अर्थात् अंतर्मन में भरे दुर्गुणों से मुक्ति पाने का निश्चय किया।

सार यह है कि धार्मिक कर्मकांड, तीर्थस्थलों की यात्रा, व्रत-उपवास और दानादि तभी सार्थक व पुण्यदायी होते हैं, जबकि मन विकार रहित और भावना शुद्ध हो।

बुद्ध और अछूत लड़की

आनंद भगवान् बुद्ध के प्रमुख व प्रिय शिष्य थे। उनके स्वभाव में उदारता, स्नेह व सहिष्णुता जैसे गुण शामिल थे। वे सभी के प्रति समान व्यवहार करते थे। उनकी दृष्टि में कोई छोटा या बड़ा नहीं था। एक बार आनंद कहीं जा रहे थे। रास्ते में उन्हें बड़े जोर की प्यास लगी। आस-पास देखा तो निकट ही कुआँ दिखाई दिया। वे वहाँ पहुँचे। कुएँ से एक लड़की पानी भर रही थी। आनंद ने उसके पास जाकर कहा, ''बहन! मैं बड़ी दूर से आ रहा हूँ। मुझे बहुत जोर से प्यास लगी है। कृपाकर पानी पिला दो।'' उनकी बात सुनते ही लड़की काँप उठी, क्योंकि वह अछूत जाति की थी। वह जानती थी कि किसी ऊँची जाति के व्यक्ति को पानी पिलाना उसके अधिकार क्षेत्र से बाहर है। वह निगाह नीची कर चुपचाप खड़ी रही। आनंद ने प्यास से व्याकुल होकर फिर कहा, ''बहन! तुमने सुना नहीं। प्यास के मारे मेरे प्राण निकले जा रहे हैं। मुझे पानी पिला दो।'' लड़की भयवश कुछ नहीं बोल पाई। जब आनंद ने बड़े स्नेह से उससे पानी न पिलाने का कारण पूछा, तो वह बोली, ''मैं निम्न जाति की कन्या हूँ। आपको पानी कैसे पिला सकती हूँ?'' उसकी बात सुनकर आनंद ने कहा, ''बहन! मैंने तुमसे पानी माँगा है, जाति तो नहीं पूछी।'' आनंद की उदारता ने उस कन्या का भय दूर कर दिया और उन्हें पानी पिलाकर वह धन्य हो गई।

कथा का सार यह है कि ईश्वर की दृष्टि सम होने के कारण उसने सभी मनुष्यों को समान शरीर, बुद्धि और भावना से नवाजा है। अतः अपने सृष्टिकर्ता के विरुद्ध जाकर मानव-मानव में भेद करना सर्वथा अनुचित है।

फटेहाल व्यक्ति को सुखी बताया

एक बार भगवान् बुद्ध अपने शिष्यों के साथ पाटलिपुत्र पहुँचे। सभी लोग एक विहार में रुके। भोजन के बाद बुद्ध ने आनंद से अगले दिन से प्रवचन आरंभ करने को कहा। अगले दिन बुद्ध का प्रवचन सुनने बड़ी संख़्या में लोग उपस्थित थे। बुद्ध प्रवचन देने के बाद लोगों से मिलते, उनकी समस्याएँ सुनते और नेक सलाह देते। एक दिन प्रवचन के समय बुद्ध के शिष्य आनंद ने उनसे पूछा, "भंते! आपके सामने हजारों लोग बैठे हैं। बताइए कि इनमें सबसे सुखी कौन है?" बुद्ध ने एक विहंगम दृष्टि भीड़ पर डालते हुए कहा, "वह देखो, सबसे पीछे एक दुबला-पतला फटे वस्त्र पहने जो आदमी बैठा है, वह सर्वाधिक सुखी है।" आनंद सहमत नहीं हुआ। वह बोला, "यह कैसे संभव है? वह तो बहुत दयनीय जान पड़ता है।" बुद्ध ने अपनी बात सिद्ध करने के लिए बारी-बारी से सामने बैठे लोगों से पूछा, "तुम्हें क्या चाहिए?" किसी ने संतान माँगी, तो किसी ने मकान। कोई रोग मुक्ति चाहता था, तो कोई अपने शत्रु पर विजय। ऐसा एक भी व्यक्ति नहीं था, जिसे कोई इच्छा न हो। अंत में बुद्ध ने उस फटेहाल आदमी को बुलाकर पूछा, "तुम्हें क्या चाहिए?" उसने हाथ जोड़कर जवाब दिया, "कुछ नहीं। यदि ईश्वर को मुझे कुछ देना ही है तो बस इतना कर दें कि मेरे अंदर कभी कोई चाह पैदा न हो। मैं ऐसे ही स्वयं को सबसे बड़ा सुखी मानता हूँ।" उसकी बात सुनकर आनंद से बुद्ध ने कहा, "आनंद! जहाँ चाह है, वहाँ सुख नहीं हो सकता।" आनंद ने बुद्ध

की इस शिक्षा को सदा के लिए गाँठ बाँध लिया।

सार यह है कि लालसा से लोभ बढ़ता है, जो असंतोष का जनक होता है। यदि सही अर्थों में सुख पाना है तो किसी लालसा की बजाय उपलब्ध स्थितियों में संतुष्ट रहना चाहिए।

शिष्य को धैर्य सिखाया

भगवान् बुद्ध किसी यात्रा पर जा रहे थे। उनका परम प्रिय शिष्य आनंद भी उनके साथ था। चलते-चलते दोपहर हो गई, तो बुद्ध एक घने वृक्ष के नीचे जाकर बैठ गए। आनंद भी पास में ही बैठ गया। कुछ देर बाद बुद्ध को प्यास लगी। उन्होंने आनंद को पानी लाने के लिए कहा। आनंद ने आस-पास घूमकर देखा तो कोई कुआँ, तालाब या नदी नहीं दिखाई दी। एक नाला अवश्य दिखाई दिया, जिसमें पहाड़ों से बहनेवाले झरने का पानी बह रहा था। थोड़ी देर पहले ही कुछ बैलगाड़ियाँ वहाँ से होकर गुजरी थीं, जिनके पहियों के कारण कीचड़ व धूल से पानी गंदा हो गया था। आनंद ने यह दृश्य देखा तो वह खाली हाथ लौट आया। उसने बुद्ध को इस विषय में बताया और यह कहा कि मैं नदी खोजकर वहाँ से पानी ले आता हूँ। यह सुनकर बुद्ध ने कहा, ''आनंद, पानी नाले से ही लाओ।'' आनंद ने बुद्ध की बात मान ली। वह नाले पर पहुँचा, किंतु उसने देखा कि पानी अब भी अस्वच्छ है। उसे ऐसा पानी बुद्ध के लिए लाना कदापि उचित नहीं लगा। वह बुद्ध से आकर बोला, ''भंते! वह अस्वच्छ जल आपके पीने योग्य नहीं है। मैं अभी दौड़कर नदी से पानी ले आता हूँ,'' किंतु बुद्ध ने पुनः उसे नाले का पानी लाने के लिए भेजा। इस बार जब आनंद नाले पर गया तो उसने देखा कि पानी में जो कीचड़ व धूल की गंदगी थी, वह नीचे बैठ गई है और पानी निर्मल हो गया है। वह प्रसन्न हो बुद्ध के लिए पानी ले आया। तब बुद्ध ने कहा, ''आनंद! व्यक्ति के लिए धैर्य रखना बहुत जरूरी है। बिना धैर्य धारण किए निर्मलता प्राप्त नहीं होती।''

वस्तुतः धैर्य का फल सदैव मीठा होता है। इसलिए विपरीत स्थितियों में भी धैर्य बनाए रखें।

मानव का धर्म है 'विवेकी' बनना

गौतम बुद्ध ने बहुत से अज्ञानी लोगों को सम्यक् दृष्टि प्रदान की थी। तब की बात है। कोसांबी में एक ब्रह्मचारी रहता था। उसे अभिमान था कि उस जैसा कोई विद्वान् नहीं है, इसलिए अपने साथ सदैव जलती मशाल रखता था। गौतम बुद्ध ने देखा, तो उससे पूछा, ''अरे! यह मशाल लिये क्यों घूमते हो?'' ब्रह्मचारी ने उज़्ार दिया, ''सभी प्राणी अंधकार और अज्ञान में पथभ्रष्ट हैं, उन्हें रास्ता दिखाने के लिए मशाल लिये घूमता हूँ।'' तथागत ने पूछा, ''क्या तुझे चार प्रकार की विद्याओं—शज्दविद्या, नक्षत्रविद्या, राजविद्या व युद्धविद्या का पूर्ण ज्ञान है?'' ब्रह्मचारी ने अपनी अनभिज्ञता प्रकट करते हुए मशाल फेंककर तथागत के चरणों में मस्तक झुका दिया। ठराका ज्ञान गर्ब चूर हो गया।

जो दूसरों को मूर्ख समझकर उनसे घृणा करता है, वह उस व्यक्ति की तरह है, जो स्वयं अंधा होकर दूसरों को मशाल दिखाता घूमता है। अहंकारी कभी विवेकवान नहीं हो सकता और बिना विवेक के सत्-असत् का ज्ञान नहीं हो सकता। अंतत: ऐसे विवेकांध व्यक्ति को जीवन में कोई उपलज्धि प्राप्त नहीं होती, हताशा ही हाथ लगती है।

☐

शिष्य को अनूठी सीख दी

भगवान् बुद्ध के सभी शिष्यों की कोशिश यही रहती थी कि उनके सिद्धांतों को यथाशक्ति आचरण में उतार लें। साथ रहनेवाले शिष्य परस्पर एक-दूसरे के आचरण पर दृष्टि रखते थे और एक के द्वारा कोई भूल होने पर दूसरा उसे टोक देता था। एक दिन बुद्ध के दो शिष्य नालंदा से पाटलिपुत्र आ रहे थे, जहाँ बुद्ध रुके थे। पूरे दिन के सफर में दोनों चलते-चलते थक गए। रास्ते में नदी दिखी, तो पानी पीकर थोड़ा सुस्ताने लगे। तभी उन्होंने देखा कि एक स्त्री पानी में डूब रही है। बौद्ध भिक्षुओं के लिए स्त्री का स्पर्श वर्जित माना जाता है, अतः एक ने कहा, ''हमें धर्म की मर्यादा का पालन करना चाहिए।'' लेकिन दूसरा बोला, ''मेरी आँखों के सामने कोई मर जाए और मैं कुछ न करूँ, यह असंभव है।'' यह कहते हुए वह पानी में कूद पड़ा और स्त्री को कंधे पर उठाकर बाहर ले आया। दोनों की यात्रा फिर शुरू हो गई। रास्ते भर पहले भिक्षु ने दूसरे की खूब निंदा की। बुद्ध के सामने पहुँचने पर पहले भिक्षु ने पूरी बात सुनाते हुए कहा, ''भंते! इसे मैंने काफी रोका, किंतु यह इस भीषण पाप को करने में तनिक नहीं हिचकिचाया।'' बुद्ध ने उसकी पूरी बात सुन शांतिपूर्वक पूछा, ''इसे स्त्री को कंधे पर बाहर लाने में कितना समय लगा होगा?'' उसने जवाब दिया, ''पंद्रह मिनट।'' फिर बुद्ध ने पूछा, ''उसके बाद तुम लोगों को यहाँ आने में कितना समय लगा?'' उज़र मिला, ''यही कोई छह घंटे।'' तब बुद्ध ने उसे समझाया, ''इसने तो उस स्त्री को पंद्रह मिनट ही कंधे पर रखा,

लेकिन तुम तो उसे छह घंटे से अपने ऊपर बिठाए हुए हो। अब बताओ, तुम दोनों में बड़ा पापी कौन है?'' उस भिक्षु ने अपनी गलती जान लज्जा से सिर झुका लिया।

सार यह है कि सदैव सद्विचारों और खुली सोच को प्रश्रय देना चाहिए।

☐

बुद्ध ने मिठाई खाई

बुद्ध को एक शिष्य ने खाने के लिए मिठाई दी। बुद्ध ने पूछा कि इतनी अच्छी मिठाई कहाँ से प्राप्त की? पहले तो उसने झूठ बोलकर किसी मित्र का नाम बता दिया। किंतु बुद्ध को विश्वास नहीं हुआ। बुद्ध ने फिर पूछा कि सच-सच बताओ कि तुमने यह मिठाई कहाँ से प्राप्त की है? बुद्ध की शक्ति के सामने वह झूठ न बोल सका। आखिर उसे सच बतलाना ही पड़ा, ''मैंने अमुक दुकान से यह मिठाई चुराई थी।'' यह सुनकर बुद्ध को दुःख हुआ। उन्होंने तुरंत ही मुख में उँगली डालकर उलटी के द्वारा सारी मिठाई निकाल दी।

यह सब देखकर शिष्य रोने लगा और उसने बार-बार बुद्ध से क्षमा माँगी। उसने विश्वास दिलाया कि अब मैं कभी भी चोरी न करूँगा। बुद्ध ने समझाया कि चोरी करना पाप है और वह एक अपराध है। चोरी करनेवाले को नरक मिलता है एवं चोरी करना अधर्म है। धर्म के दस अंग हैं। तुम उनको अच्छी तरह से समझ लो—(1) सदा सत्य बोलो। (2) हिंसा मत करो। (3) चोरी मत करो। (4) अधिक पदार्थों को जमा नहीं करना चाहिए। (5) इंद्रियों को सदा वश में रखो। (6) मन को सदा पवित्र रखो। (7) सबको क्षमा करना चाहिए। (8) यथा शक्ति सबकी मदद करना। और (10) क्रोध नहीं करना चाहिए।

जो मनुष्य धर्म का पालन करता है, वह सदा सुखी रहता है और ईश्वर उस पर सदा प्रसन्न रहते हैं।

बुद्ध का शिष्य अनाथ पिंडक

बुद्ध के शिष्यों में एक शिष्य था अनाथ पिंडक। वह धनी व्यक्ति था। उसका यह नाम इसलिए पड़ गया था कि वह रोज सुबह-सुबह अपने घर के बाहर अच्छा-अच्छा भोजन बनाकर बैठ जाता था। उसके पास जो आता था, उसे वह खिलाता था। वह अनाथों के पिंड को भरता था, अर्थात् सबका पेट भरता था। इसलिए उसका नाम 'अनाथ पिंडक' पड़ गया। वह अपने काम और नाम से प्रसिद्ध हो गया था। उसका यश दूर-दूर तक फैल गया था। बुद्ध ने भी उसकी ज्याति सुन रखी थी।

बुद्ध उन दिनों अपने हजारों संन्यासी भिक्षुओं के साथ वैशाली नगर में उपदेश दे रहे थे और लोगों को असीम शांति प्रदान कर रहे थे। अनाथ पिंडक को मालूम पड़ा कि मेरे नगर के पास ही बुद्ध अपने अनेक शिष्यों के साथ आए हुए हैं। वह उनके दर्शन करने गया। वहाँ पहुँचने पर उसे बुद्ध के दर्शन हो गए। बुद्ध, शांति, आनंद और प्रेम की मूरत थे। चेहरे पर मंद-मंद मुसकराहट थी। उनके वस्त्र पीत रंग के थे और सिर पर जटाएँ थीं। वे बहुत ही मीठा और नम्रतापूर्वक बोल रहे थे। उनको सैकड़ों लोग बिल्कुल शांत होकर सुन रहे थे। बुद्ध की शांति और आनंद उनके हृदय में उतर रहा था।

सत्संग समाप्त हुआ, अनाथ पिंडक करीब आया, बुद्ध के चरणों में नमस्कार किया और कहा, ''मैं अनाथ पिंडक हूँ।'' ''कहो, कैसे आए?'' ''मैं चाहता हूँ कि आप मेरे नगर में पधारें। वहाँ के लोग आपके धर्म उपदेश को सुनकर लाभान्वित हों और उनका जीवन आनंद से भर जाए।''

बुद्ध ने कहा, ''ठीक है। मैं आऊँगा, तुम व्यवस्था बना लेना।''

अनाथ पिंडक बहुत प्रसन्न हुआ। उसने पुन: बुद्ध के चरणों में प्रणाम किया और एक ओर बैठ गए। महाकश्यप बुद्ध के शिष्य थे। उन्होंने पिंडक को समझाया कि हम यहाँ पर हजारों भिक्षु हैं, तो किसी एक के घर में तो रुकना संभव नहीं हो पाएगा, इसलिए अच्छा यह रहेगा कि तुम किसी खुले बाग-बगीचे में व्यवस्था कर लेना। हम जैसे लोग भगवान् के लिए एक छोटी सी झोंपड़ी बना लेंगे और हम भिक्षु उनके आस-पास रुक जाएँगे।

अनाथ पिंडक ने कहा, ''ठीक है। ऐसा ही होगा।'' वह अपने नगर लौट आया और अपने नगर में नजर दौड़ाई कि कहाँ-कहाँ पर व्यवस्था हो सकती है। उसे एक बड़ा सुंदर बगीचा पसंद आ गया। वह उस बगीचे के मालिक के पास गया। उससे जाकर कहा, ''मैं आपका बगीचा खरीदना चाहता हूँ। मैंने बुद्ध देव को बुलाया है। उनकी सेवा के लिए मैं उनको यह बगीचा भेंट देना चाहता हूँ, ताकि वे यहाँ पर रहकर लोगों को धर्म का उपदेश देकर उनका जीवन धन्य कर दें।''

बगीचे का मालिक संत-महात्माओं के प्रति श्रद्धा नहीं रखता था। इसलिए उसने साफ मना कर दिया, ''मैं तो बेचूँगा ही नहीं।'' बहुत मनाने पर कहा, ''चलो ठीक है। यह बगीचा तुमको देता हूँ। पर इस बगीचे की कीमत एक साथ लूँगा। इस बगीचे की खरीददारी यूँ होगी कि तुम जितनी जमीन पर सोने के सिक्के बिछा लोगे, मैं उतनी जमीन तुझे दे दूँगा।''

अनाथ पिंडक के तो प्रसन्नता के मारे आँसू निकल आए। उसने कहा, ''शुक्र है तू राजी तो हुआ। मुझे बुद्ध देव को यहाँ पर लाना है और अगर इतनी बड़ी कीमत भी है तो मैं ये कीमत भी दूँगा।'' अनाथ पिंडक अपनी सारी दौलत, सारा सोना बैलगाड़ियों में भरकर ले आया। उसने सोने के सिक्कों से सारा बगीचा पाट दिया। सोने की तह बिछा दी।

वहाँ के लोग अनाथ पिंडक को पागल कहने लगे। इसने एक महात्मा के लिए अपनी सारी संपत्ति लुटा दी है। लोगों को क्या मालूम कि संत, महात्मा और गुरु का सान्निध्य कितना अमूल्य होता है! महात्मा बुद्ध चालीस

साल तक देश भर के गाँव-गाँव में जाकर धर्म का उपदेश देते रहे। उनका यह भाव था कि जिस आनंद को मैंने पाया है वह जन-जन तक पहुँचे। शांति पाने का अधिकार सबको है। वे घर-घर जाकर ज्ञान का दीपक जलाना चाहते थे। उन्होंने जीवन भर अनेक दीपक जलाए। उनके उपदेश से अनगिनत लोगों का मन निर्मल हो गया।

अनाथ पिंडक के मन में बस एक ही इच्छा थी कि मैं महात्मा बुद्ध का सान्निध्य प्राप्त करूँ। अपने नगरवासियों के साथ बैठकर बुद्ध देव का उपदेश, जो अमृत है, सबके साथ बैठकर पी सकूँ।

बगीचे के मालिक ने देखा कि सारा बगीचा सोने के सिक्कों से पटा पड़ा है। वह अनाथ-पिंडक की एक महात्मा के प्रति अगाध-श्रद्धा को देखकर हैरान रह गया। उसका हृदय पिघल गया। श्रद्धा की बुझी हुई ज्योति जल उठी। उसने मन में कहा, "मैंने बहुत ही गलत किया है।" उसने हाथ जोड़कर अनाथ पिंडक से कहा, "आप इन सारे सोने के सिक्कों को उठा लीजिए। मुझे धन नहीं चाहिए। इस सारे बगीचे को आप मेरी ओर से उपहार समझ लें।" अनाथ पिंडक ने कहा, "अब तो वचन हो चुका है और अब मैं अपने वचन से नहीं गिरूँगा। अब तो तुम सारी स्वर्ण मुद्राएँ उठा लो। मैं इस धन को स्वीकार नहीं करूँगा।" ऐसा सुनकर बगीचे के मालिक ने अनाथ पिंडक के चरण पकड़कर कहा, "आप मुझे माफ करें। मैंने आपके साथ जो व्यवहार किया है, वह ठीक नहीं था। आज मैं पछता रहा हूँ और मुझे स्वयं पर ग्लानि हो रही है।"

अनाथ पिंडक को उस पर दया आ गई। उसने उसको एक उपाय सुझाया कि महात्मा बुद्ध जब कुछ समय बाद धर्म-उपदेश की वर्षा करके दूसरे गाँव जाएँ तो तुम वहाँ पर जाकर उनकी और उनके सारे शिष्य के रहने की व्यवस्था करना।

धन के लोभ से सत्संग का लोभ कहीं अधिक श्रेष्ठ होता है।

बुद्ध का वैराग्य

गौतम को घर छोड़े सात साल बीत चुके थे। वे राजगृह में प्रवचन करते थे। उनके पिता राजा शुद्धोधन ने एक वर्ष के भीतर दस दूत उनके पास भेजे थे कि एक बार दर्शन दे दो। वे कपिलवस्तु पहुँचे। उनके साथ उनके दोनों प्रिय शिष्य सारिपुत्र और मौदगल्याण भी थे। वहीं दोनों शिष्य, जिनकी अस्थियाँ साँची के दूसरे स्तूप से मिली थीं।

उन्होंने कपिलवस्तु के दक्षिणी छोर से भिक्षाटन शुरू किया। संघ के सैकड़ों लोग उनके साथ थे। उन्हें देखने पूरा नगर उमड़ पड़ा था। अपने प्रिय राजकुमार को भीख माँगता देख लोग रो पड़े थे। राजा को पता चला, तो वे अपने बेटे को देखने सड़क पर आ गए। बहुत आग्रह करने के बाद शाक्यमुनि ने राजा पिता का निमंत्रण स्वीकार किया और राजभवन में गए। राजा ने संघ के अन्य भिक्षुओं को भवन के विशेष परिसर में ठहराया।

जब शुद्धोधन शाक्यमुनि का हाथ पकड़कर चल रहे थे तो अवश्य ही उनके चेहरे पर पिता होने का वह भाव आया होगा, जो पुत्र का मार्गदर्शक होने के नैसर्गिक अधिकार से भरा होता है। खुद शाक्यमुनि इस अधिकार में हस्तक्षेप नहीं कर सकते थे।

भवन में राहुल की माता यशोधरा के पास भी तुरंत यह संदेश पहुँचा कि गौतम लौट आए हैं, वे जाएँ और अपने पति से मुलाकात करें। लेकिन यशोधरा ने इनकार कर दिया, ''गौतम उसे छोड़कर गए थे; आज लौटे हैं, तो वह क्यों जाए भला उनका सत्कार करने।'' यशोधरा ने संदेश भिजवाया, ''यदि एक पल के लिए भी आर्यपुत्र ने मुझमें कोई गुण देखा हो, तो वे स्वयं इस कक्ष तक आएँगे, जहाँ से वे आधी रात बिना बताए चले गए थे।''

तथागत राहुल माता का संदेश पाकर उनके कक्ष की ओर बढ़े। उन्होंने दोनों शिष्यों से कहा, ''वे कुछ भी कहें, कुछ भी करें, तुम दोनों शांत रहना। कोई प्रतिक्रिया मत करना। उन्हें सुरुचिपूर्ण वंदना करने देना।''

कमरे में तथागत अपनी शैली में बैठ गए। सारिपुत्र हमेशा की तरह उनकी दायीं और मौदगल्यायन उनकी बायीं और बैठे। यशोधरा आईं। वे राजकुमारी नहीं दिख रही थीं। उन्होंने तथागत के चरण स्पर्श किए और उनके सामने बैठ गईं। कमरे में शांति थी। तभी राजा शुद्धोधन कमरे में आए। बेटे-बहू को आमने-सामने देख उन्होंने बेटे से कहा, ''भंते, यशोधरा ने सुना, आपने काषाय वस्त्र धारण किया है, तो उसने काषाय वस्त्र पहन लिये। उसने सुना, आप एकाहारी हो गए हैं, वह भी एकाहारी हो गई। आपने उज्ज्म पलंग पर सोना त्याग दिया है, तो इसने भी त्याग दिया। आपने माला का त्याग किया, गंध का त्याग किया तो इसने भी वह सब त्याग दिया। मायके वाले इसे संदेश भेजते हैं। वे इसे ले जाना चाहते हैं, लेकिन यह यहीं रहती है, इसी कक्ष में। यह गुण की मूर्ति है।'' राजा स्नेह से अपनी बहू को देखते रहे। अचानक तथागत उठे। उस कक्ष से बाहर चले गए।

शाक्यमुनि ने शिष्यों को शांत रहने को कहा था, लेकिन वे स्वयं उस कक्ष से बाहर चले गए। मैं हमेशा सोचता हूँ, उस पल क्या हुआ होगा, उनके मन के भीतर कैसे-कैसे विचार उठते होंगे?

क्या संबोधि एक लघु क्षण होता है या दीर्घ क्षण? क्या संबोधि एक अनंत अज्यास है? क्या संयम उसका गरुड़यान है? धज्मपद का तेरहवाँ श्लोक बार-बार याद आता है—यथागारं दुछेन वुट्टी समतिविब्झति/एवं अभावितं चिज्ञं रागो समतिविब्झति। (घर की छत मजबूत न हो, सही तरह से उसे घास-फूस से ढका न गया हो, तो बरसात के दिनों में उसमें से पानी रिसता है, घर-भर में फैल जाता है। उसी तरह ध्यान और एकाग्रता हमारे व्यक्तित्व की छत है।)

ध्यान और एकाग्रता जीवन को सार्थक करते हैं।

□

बुद्ध ने सुभद्र को शिक्षा दी

गौतम बुद्ध ने जिस दिन से संन्यास ग्रहण किया, उसी दिन से स्वयं का संपूर्ण जीवन समाज के कल्याण हेतु समर्पित कर दिया था। संन्यास पथ पर निरंतर चलते हुए उन्हें गया में निरंजना नदी के किनारे ज्ञान की प्राप्ति हुई। उनके पवित्र जीवन उद्देश्य को लाखों लोगों ने उनका शिष्यत्व ग्रहण कर अपनाया और अपना सबकुछ जन-लाभार्थ अर्पित कर दिया। जब बुद्ध का अंतकाल निकट आया तो वे कुछ अस्वस्थ हो चले थे। इस कारण लोगों से भेंट करना उन्होंने बंद कर दिया था।

उनके शिष्य चौबीस घंटे उनकी परिचर्या करते और किसी भी बाहरी व्यक्ति को उनसे नहीं मिलने देते थे। उन सभी को बुद्ध के स्वास्थ्य की बहुत चिंता थी। ऐसे समय एक दिन सुभद्र वहाँ आए और बुद्ध के शिष्यों से आग्रह किया कि बुद्ध से मुझे मिलने दिया जाए, क्योंकि उनसे भावी परिस्थितियों के विषय में आवश्यक चर्चा करनी है। शिष्यों ने बुद्ध की अस्वस्थता के बारे में बताकर सुभद्र को अंदर जाने से रोक दिया। बुद्ध ने जब यह चर्चा सुनी, तो उन्होंने सुभद्र को अंदर बुलाया और अपने परम शिष्य आनंद से कहा, "मैं भले ही अस्वस्थ हूँ, किंतु लोकमंगल की भावना से मेरे पास आए सुभद्र से न मिलूँ तो अपना जीवन सार्थक कैसे कर पाऊँगा?" सुभद्र बुद्ध की ऐसी श्रेष्ठ भावना देखकर श्रद्धा से अभिभूत हो गए। बुद्ध ने उनकी सभी शंकाओं का समाधान किया। बुद्ध से हुई इस भावपूर्ण भेंट से सुभद्र इतना प्रभावित हुए कि अपना सर्वस्व त्यागकर भिक्षु

बन गए और बौद्ध धर्म के प्रचार में भरपूर योगदान दिया। बुद्ध के अंतिम शिष्य सुभद्र ही थे।

वस्तुत: यदि जीवन में लोकमंगल की भावना को जिएँ तो सामाजिक कल्याण सही अर्थों में साकार हो उठता है।

☐

अनमोल वचन

कुसंग के विचार तन और मन को बीमार करते हैं, इसीलिए विवेकियों का संग करें, ताकि मन को शांति मिले।

चिंता करने से अच्छा है कि 'उपाय' करें।

सुखी होने का मंत्र है 'ज्ञान', पैसा नहीं।

तुम्हें देवता बनना है, पर पहले तुम मनुष्य बनना सीखो।

मन में दया, प्रेम और करुणा भर लो, परमात्मा को अपने आप ही समझ जाओगे।

सुख और दुःख भगवान् के द्वारा नहीं भेजे जाते, बल्कि हम स्वयं ही उनके लिए जिम्मेदार हैं।

इस जगत् में जिसे मुक्त होना है, उसे कोई बाँधने वाला नहीं है और जिसे इस जगत् में बँधना है, उसे भगवान् भी नहीं छुड़ा सकते।

यदि किसी के साथ मतभेद होता है तो यह निर्बलता की निशानी है।

शादी का दिन, जन्म का दिन, मृत्यु का दिन घर बैठे आता है; तो क्या सिर्फ लक्ष्मी पर ही विश्वास नहीं आता? वह भी घर बैठे आएगी।

यदि संसार में सुख चाहिए तो जबरदस्ती और अनधिकार रूप से कुछ न माँगें।

सबको प्रसन्न करने की कोशिश करो, तुम्हारा मन अपने आप शांत हो जाएगा।

जो धर्म मनुष्य को सरल बना देता है, वह सबसे श्रेष्ठ धर्म है।

क्लेश रहित घर एक मंदिर है।

अज्ञानी मनुष्य स्वयं को समझदार समझता है, पर यह वास्तविकता नहीं है।

लोग भले ही उलटा चलें, पर आप अपना धर्म न छोड़ें।

वैराग्य का अर्थ है निर्णय किया हुआ सत्य; उस पर चलकर जीवन को सफल बनाएँ।

मन की खुराक है 'विचार', उसे अच्छे विचारों का संग दो, तब मन आपके अनुकूल होगा।

इस संसार को गले से मत लगाना, वरना बंधन में पड़ जाओगे।

अहिंसा को धारण करना धर्म है। अहिंसा को तप कहा गया है।

सभी बुराइयों की जड़ अज्ञान है। ज्ञान देने वाला 'गुरु' है।

कभी सुख, कभी दुःख आते-जाते हैं, आप मन को स्थिर रखें।

आप संसार में रहें, किंतु मन में संसार को न बसाएँ।

किसी को भी कष्ट न देना स्वधर्म है।

सांसारिक हित-अहित का जब भान चला जाए, तब समझ लेना कि 'मोह' का विष आ गया है।

जो व्यक्ति किसी को दुःख नहीं देता, वह महात्मा है।

मन, वचन और कर्म से शुद्ध होने पर 'लक्ष्मी' स्वयं आती है।

कलियुग का अर्थ है, कुसंगियों का साम्राज्य।

सभी प्रकार से सुखी होना है तो सहनशील बनो।

◻

बुद्ध का आत्म-साक्षात्कार

जो पूर्ण सदा पवित्र है, वह सच्चा आत्मा है।
जो सदा अटल है, कभी नहीं टल सकता, वह आत्मा है।
जो सूक्ष्म से भी सूक्ष्म है, वह आत्मा है।
जो प्रजाओं का उत्पत्ति स्थल है, वह आत्मा है।
जो सर्वधर्म की प्रेरणा है, वह आत्मा है।
जो सबको शक्ति प्रदान करता है, वह आत्मा है।
जो सबको देख और सुन सकता है, वह आत्मा है।
जो सबका प्रकाश है, प्रकाश से पूर्ण है, वह आत्मा है।
जो अच्छी तरह अनुभव में आनेवाला है, वह आत्मा है।
जो तत्त्वों का आश्रय है, वह आत्मा है।
जो मुक्ति रूप सिद्धि देनेवाला है, वह आत्मा है।
जो प्रकाश है और अग्नि के समान है, वह आत्मा है।
जो संसार की उत्पत्ति का कारण है, वह आत्मा है।
जो शक्तिमानों में सर्वश्रेष्ठ है, वह आत्मा है।
जो प्रभु के प्यारों को विश्राम देता है, वह आत्मा है।
जो सत्त्वगुण से भी श्रेष्ठ है, वह आत्मा है।
जो धर्म है और धर्म की शोभा है, वह आत्मा है।
जो इंद्रियों और मन से जाना नहीं जाता, वह आत्मा है।
जो भक्तों के मनोरथ सिद्ध करता है, वह आत्मा है।
जो जानने लायक है, वह आत्मा है।

जो सत्य रूप नारायण है, वह आत्मा है।
जो सर्व प्रपंचों से परे है, वह आत्मा है।
जो सर्व जीत है, विजय रूप है, वह आत्मा है।
जो सबका आधार है, वह आत्मा है।
जो मन और वाणी से परे है, वह आत्मा है।
जो समस्त प्राणियों को पैदा करता है, वह आत्मा है।
जो अविनाशी निधि है, वह आत्मा है।
जो समस्त कार्यों में समर्थ है, वह आत्मा है।
जो कर्म और फल की रक्षा करता है, वह आत्मा है।
जो भूत, भविष्य और वर्तमान में भी शाश्वत है, वह आत्मा है।
जो जगत् के लिए कल्याणकारी है, वह आत्मा है।
जो अति सुंदर और सर्वश्रेष्ठ है, वह आत्मा है।
जो संतपुरुषों का अभीष्ट है, वह आत्मा है।
जो सर्व की शक्ति है, वह आत्मा है।
जो भक्तों का ईश्वर है, वह आत्मा है।
जो किसी से भी पराजित नहीं होता, वह आत्मा है।
जो योग और क्षेम सँभालता है, वह आत्मा है।
जो जन्म और मरण से रहित है, वह आत्मा है।
जो सारे संसार में व्याप्त है, वह आत्मा है।
जो सबके प्राणों को धारण करता है, वह आत्मा है।
जो सदा जाग्रत और जन्म से रहित है, वह आत्मा है।
जो सबकी अटल संपत्ति है, वह आत्मा है।
जो सबसे श्रेष्ठ क्रांति वाला है, वह आत्मा है।
जो सरल स्वभाव वाला है, वह आत्मा है।
जो भक्तों के स्मरण में आता है, वह आत्मा है।
जो सबके शरीर का आधार है, वह आत्मा है।

जो नित्य आत्मानंद सुखवाला है, वह आत्मा है।
जो परम पूजनीय है, वह आत्मा है।
जो अखंड ज्योति है, वह आत्मा है।
जो उज़मों से भी उज़म है, वह आत्मा है।
जो सर्व सुखों से श्रेष्ठ है, वह आत्मा है।
जो रहस्य का भी रहस्य है, वह आत्मा है।
जो आवागमन से रहित है, वह आत्मा है।
जो उज़म यशवाला है, वह आत्मा है।
जो पापों से मुक्त करनेवाला है, वह आत्मा है।
जो अपने प्रकाश से सर्वत्र व्याप्त है, वह आत्मा है।
जो ज्ञान और मान की मूर्ति है, वह आत्मा है।
जो भक्तों का आनंद रूप है, वह आत्मा है।
जो व्यवहार में समत्व भाव रखता है, वह आत्मा है।
जो चारों आश्रमों का अति प्रिय है, वह आत्मा है।
जो अति दुर्लभ है, वह आत्मा है।
जो सदा अखंड है, वह आत्मा है।
जो सदा अचल-स्थिर है, वह आत्मा है।
जो अखंड ज्ञान से पाया जा सकता है, वह आत्मा है।
जो सर्वत्र वर्तमान है, मन से परे है, वह आत्मा है।
जो सबके द्वारा पूजा जाता है, वह आत्मा है।
जो सबकुछ प्राप्त करा सकता है, वह आत्मा है।
जो सबको जाननेवाला और जीतनेवाला है, वह आत्मा है।
जो सब पर विजय करने वाला है, वह आत्मा है।
जो परमार्थी-सत्यरूप परिपूर्ण है, वह आत्मा है।
जो निधि की भी निधि है, वह आत्मा है।
जो सदा सबके लिए कल्याणकारी है, वह आत्मा है।

जो प्रयास और अनुभव से प्राप्त होता है, वह आत्मा है।

जो सदा पूर्ण पवित्र है, वह आत्मा है।

जो तीनों कालों में ऐश्वर्य से युक्त है, वह आत्मा है।

जो सर्व जीवात्माओं का रक्षक है, वह आत्मा है।

जो सबका अपना है, वह आत्मा है।

जो ज्ञानियों का अति प्रिय है, वह आत्मा है।

जो शोक से पूर्ण-रहित है, वह आत्मा है।

जो सदा अपने स्वरूप में स्थित है, वह आत्मा है।

जो सबके हृदय में निवास करता है, वह आत्मा है।

जो परमानंद-स्वरूप है, वह आत्मा है।

जो योगियों के ध्यान में आता है, वह आत्मा है।

जो सर्वत्र है और जो सर्वत्र जाना जाता है, वह आत्मा है।

जो ब्रह्म का मार्ग है, वह आत्मा है।

जो सर्व गुणों से श्रेष्ठ आनंद देता है, वह आत्मा है।

जो शून्य और आकाश है, वह आत्मा है।

जो सर्व पुण्यों का पुण्य है, वह आत्मा है।

जो राम, कृष्ण, हरि रूप में है, वह आत्मा है।

जो कालों का भी काल रूप है, वह आत्मा है।

जिसकी सज़ा से सारी सृष्टि चल रही है, वह आत्मा है।

जो साक्षात् सारे संसार का साक्षी है, वह आत्मा है।

जो विकार-रहित शिशु भी है और वृद्ध भी है, वह आत्मा है।

जो पुरुष का सदा प्रयत्न रूप है, वह आत्मा है।

जो सदा अपने स्वरूप में स्थित है, वह आत्मा है।

जो चंद्रमा को शक्ति देता है, वह आत्मा है।

जो तप के द्वारा अनुभव में आता है, वह आत्मा है।

जो अनंत कल्याण गुण से पूर्ण है, वह आत्मा है।

जो सर्व-प्रकाश का भी प्रकाश है, वह आत्मा है।
जो सृष्टि और प्रलय करनेवाला है, वह आत्मा है।
जो प्रसन्न होकर सबकुछ देनेवाला है, वह आत्मा है।
जो आनंद से लबालब भरा हुआ है, वह आत्मा है।
जो भय और शोक से रहित है, वह आत्मा है।
जो हित-अहित बनानेवाला है, वह आत्मा है।
जो सबका सदा प्रेरक है, वह आत्मा है।
जो समस्त विकारों का नाश करनेवाला है, वह आत्मा है।
जो शुद्ध आकाश रूप है, वह आत्मा है।
जो मृत्यु-धर्म से रहित है, वह आत्मा है।
जो सहज ही जानने में नहीं आता है, वह आत्मा है।
जो सर्व ज्ञान का भी ज्ञान है, वह आत्मा है।
जो सर्व प्राणियों का अंतर्यामी है, वह आत्मा है।
जो सबके दु:खों को हरता है, वह आत्मा है।
जो सारे संसार का द्रष्टा है, वह आत्मा है।
जो विचार से अनुभव में आता है, वह आत्मा है।
जो सबको ठीक-ठीक जानता है, वह आत्मा है।
जो सर्व शोक का नाश करता है, वह आत्मा है।
जो तीनों लोकों का आश्रय है, वह आत्मा है।
जो सत् चिज़ आनंद स्वरूप है, वह आत्मा है।
जो सर्व शुभ-कार्यों की शोभा है, वह आत्मा है।
जो सत्य और धर्म से अनुभव में आता है, वह आत्मा है।
जो हजारों में एक को मिलता है, वह आत्मा है।
जो धर्मात्मा को तारने वाला है, वह आत्मा है।
जो तीनों ताप से मुक्त करता है, वह आत्मा है।
जो मन-इंद्रियों से जाना न जा सके, वह आत्मा है।

जो सबसे सुंदर कांतिवाला है, वह आत्मा है।
जो सबकी शक्ति बनकर हृदय में बैठा है, वह आत्मा है।
जो आत्म स्वरूप से सबमें बसा है, वह आत्मा है।
जो सर्व गुणातीत है, सर्वगुणों से परे है, वह आत्मा है।
जो सबको तृप्त करने वाला है, वह आत्मा है।
जो सर्व माया से महान् है और सर्वश्रेष्ठ है, वह आत्मा है।
जो महातेज वाला तेजस्वी है, वह आत्मा है।
जो सर्व शक्तियों से श्रेष्ठ है, वह आत्मा है।
जो शरीर की स्थिर शोभा है, वह आत्मा है।
जो समस्त प्रमाणों का प्रमाण है, वह आत्मा है।
जो समस्त शक्तियों से युक्त है, वह आत्मा है।
जो श्रेष्ठों से भी श्रेष्ठ है, वह आत्मा है।
जो सारे जीवों के पाप-पुण्य को जानता है, वह आत्मा है।
जो पवित्र मनवाला पूर्ण शुद्ध है, वह आत्मा है।
जो सर्व पापों से दूर है, वह आत्मा है।
जो पास भी है दूर भी है, वह आत्मा है।
जो सबकुछ जानता है, वह आत्मा है।
जो बड़ा भाग्यशाली है, वह आत्मा है।
जो ईश्वर का अति प्यारा है, वह आत्मा है।
जो अपनी महिमा में सदा स्थित है, वह आत्मा है।
जो सबसे प्रथम वंशवाला है, वह आत्मा है।
जो निकट आता है, उसे पूर्ण शांत करता है, वह आत्मा है।
जो सर्व आनंद का भी आनंद है, वह आत्मा है।
संसार का कारण है, वह आत्मा है।
सब शुभ कार्यों का कारण एक मात्र आत्मा है।
जो सर्वत्र पूजने योग्य है, वह आत्मा है।

जो सबका स्वयं आधार है, वह आत्मा है।
जो सबके ज्ञान को जानता है, वह आत्मा है।
जो भक्तों को तारने वाला है, वह आत्मा है।
जो सारी सृष्टि में सर्वत्र है, वह आत्मा है।
जो ब्रहा का भी पिता है, वह आत्मा है।
जो परमानंद रूप है, वह आत्मा है।
जो अनेक रूपों में प्रकट है, वह आत्मा है।
जो सद्‌युक्त कर्मों से अनुभव में आता है, वह आत्मा है।
जो कभी सोता नहीं, सदा जाग्रत् है, वह आत्मा है।
जो अज्ञात होकर भी जानने योग्य है, वह आत्मा है।
जो ईश्वरीय विद्या को जानने वाला है, वह आत्मा है।
जो सर्वत्र है, जो सबमें सबकुछ है, वह आत्मा है।
जो सर्व पापों से रहित है, जो निष्पाप है, वह आत्मा है।
जो मुक्त पुरुष का सर्वश्रेष्ठ स्थान है, वह आत्मा है।
जो सर्वत्र गमन है, वह आत्मा है।
जो सबके शरीर में निवास करता है, वह आत्मा है।
जो सूर्यों का भी सूर्य है, वह आत्मा है।
जो अपनी महिमा में सदा स्थित है, वह आत्मा है।
जो सबसे बड़ा ऐश्वर्य वाला है, वह आत्मा है।
जो अपवित्र मन में प्रकट नहीं होता, वह आत्मा है।
जो कर्मों के अनुसार सबको फल देता है, वह आत्मा है।
जो सदा हर समय स्वतंत्र है, वह आत्मा है।
जो किसी को आज्ञा देने योग्य नहीं है, वह आत्मा है।
जो कामनाओं को आनंद देता है, वह आत्मा है।
जो उत्पज़ि और नाश दोनों करता है, वह आत्मा है।
जो सर्व कारणों का कारण है, वह आत्मा है।

जो तत्त्व ज्ञान से भरपूर है, वह आत्मा है।
जो भगवत्-धर्म से प्रत्यक्ष होता है, वह आत्मा है।
जो सांसारिक सुखों में लगाव नहीं रखता, वह आत्मा है।
जो सबसे उज्ज्वम है, श्रेष्ठ है, वह आत्मा है।
जो पवित्र कीर्तिशाली है, वह आत्मा है।
जो सुवर्ण वीर्य वाला है, वह आत्मा है।
जो सबका सच्चा-धन है, वह आत्मा है।
जिसका स्वभाव नित्य शुद्ध और बुद्ध है, वह आत्मा है।
जो मिलकर कभी बिछुड़ता नहीं, वह आत्मा है।
जो सबके शुभ-कर्मों की प्रेरणा है, वह आत्मा है।
जो मन, बुद्धि और चित्त का विषय नहीं, वह आत्मा है।
जो सबकुछ करता है फिर भी अकर्ता है, वह आत्मा है।
जिसका कभी भी नाश नहीं होता, वह आत्मा है।
जो ज्ञान और ऐश्वर्य से संपन्न है, वह आत्मा है।
जो मंगली का भी मंगल है, वह आत्मा है।
जो काल रूप बंधनों से मुक्त करे, वह आत्मा है।
जो सदा सर्व-विकार से दूर है, वह आत्मा है।
जो विश्व का मुज्य कारण है, वह आत्मा है।
जो भक्ति, ज्ञान और वैराग्य का सार है, वह आत्मा है।
जो आत्म ज्ञानियों का कल्प वृक्ष है, वह आत्मा है।
जिससे सब शक्ति पाते हैं, वह आत्मा है।
जो सत्पुरुषों से प्राप्त करने योग्य है, वह आत्मा है।
जिसमें देवताओं से श्रेष्ठ शक्ति है, वह आत्मा है।
जिसका ज्ञान अज्ञानियों को ज्ञानी बनाता है, वह आत्मा है।
जो सत्पुरुषों को ऐश्वर्य देता है, वह आत्मा है।
जो सबको आनंद का अनुभव कराता है, वह आत्मा है।

जो भक्तों का श्रेष्ठ मित्र है, वह आत्मा है।
जो सर्वोज़म और सर्वश्रेष्ठ है, वह आत्मा है।
जो बुद्धिमानों का परम पूजनीय है, वह आत्मा है।
जो अभिमानी को प्राप्त नहीं होता, वह आत्मा है।
जो सच्चा और परम ज्ञानी है, वह आत्मा है।
जो सदा सदैव स्वस्थ रहता है, वह आत्मा है।
जो अपनी महिमा में सदा स्थित है, वह आत्मा है।
जो सत्य और धर्म से भरा हुआ है, वह आत्मा है।
जो संसार का कारण-रूप परमात्मा है, वह आत्मा है।
जो प्रकृति, माया और पुरुष का ईश्वर है, वह आत्मा है।
जो तम, रज और सत्व गुणों से परे है, वह आत्मा है।
जो सबको फल प्रदान करता है, वह आत्मा है।
जो सदा-सर्वदा स्थिर भाव रखता है, वह आत्मा है।
जो मननशील और योग्य है, वह आत्मा है।
जो सबको पवित्र करता है, वह आत्मा है।
जो ज्ञान से पूर्ण भरा है, वह आत्मा है।
जो जानने पर भव से पार कर देता है, वह आत्मा है।
जो धर्म प्रिय है अर्थात् जिसे धर्म प्रिय है, वह आत्मा है।
जो समस्त जगत् की शोभा है, वह आत्मा है।
जो भक्तों का सदा हितकारी है, वह आत्मा है।
जो सदा सबकुछ जानता है, वह आत्मा है।
जो जल में डूब नहीं सकता, वह आत्मा है।
जो वायु से सूख नहीं सकता, वह आत्मा है।
जो शास्त्र से कट नहीं सकता, वह आत्मा है।
जो अजर-अमर है, वह आत्मा है।
जो जन्म-मरण से रहित है, वह आत्मा है।

जो सदा सबको प्राप्त है, वह आत्मा है।
जो अग्नि में जल नहीं सकता, वह आत्मा है।
जो सूक्ष्म से भी सूक्ष्म है, वह आत्मा है।
जो अति-प्रकाश से युक्त है, वह आत्मा है।
जो सदा विश्रामवान है, वह आत्मा है।
जो सदा-सर्वदा पूर्ण है, वह आत्मा है।
जो सदा दोष से रहित है, वह आत्मा है।
जो सदा शांत है, वह आत्मा है।
जो सदा प्रेम-रस है, वह आत्मा है।
जो शरीर नहीं, बल्कि सबको आदेश देता है, वह आत्मा है।
जो अपने प्यारों को शक्ति देता है, वह आत्मा है।
जो सर्व बुद्धियों से भी श्रेष्ठ है, वह आत्मा है।
जो आकाशादि पदार्थ में स्थित है, वह आत्मा है।
जो अत्यंत सूक्ष्म और अत्यंत विशाल है, वह आत्मा है।
जो गुरु के संग से जाना जाता है, वह आत्मा है।
जो सर्व अवगुणों से अत्यंत दूर है, वह आत्मा है।
जो महान् शक्तिशाली है, वह आत्मा है।
जो सबमें सबकुछ है, वह आत्मा है।
जो पूजा के योग्य है, वह आत्मा है।
जो परमात्मा का अंश है, वह आत्मा है।
जो मन से भी अधिक वेगवाला है, वह आत्मा है।
जो सर्व धर्मवाला है, वह आत्मा है।
जो प्राणियों का उत्सव है, वह आत्मा है।
जो प्रयास करने पर अनुभव में आता है, वह आत्मा है।
जो पूज्यतों से सदा पूज्य है, वह आत्मा है।
जो शांति से पूर्ण भरा हुआ है, वह आत्मा है।

जो ज्ञान और धर्म से प्राप्त होता है, वह आत्मा है।
जो भूत, भविष्य और वर्तमान का मालिक है, वह आत्मा है।
जो औषधि रूप है, वह आत्मा है।
जो अपना आधार आप है, वह आत्मा है।
जो सर्व ज्योतियों की ज्योति है, वह आत्मा है।
जो राग-द्वेष से सदा रहित है, वह आत्मा है।
जो समस्त विभूतियों का आधार है, वह आत्मा है।
जो तीनों कालों में स्थित है, वह आत्मा है।
जो भक्तों को तारता है, वह आत्मा है।
जो सर्व कार्यों में दक्ष है, वह आत्मा है।
जो जगत् का अविनाशी तत्त्व है, वह आत्मा है।
जो सबको प्रसन्न करनेवाला है, वह आत्मा है।
जो मन और इंद्रियों से दूर है, वह आत्मा है।
जो समस्त देश-काल में रहता है, वह आत्मा है।
जो प्राण रूप उपाधि से सब जीवों का आश्रय है, वह आत्मा है।
जो अपने आधार पर आधारित है, वह आत्मा है।

❑

बौद्ध धर्म

बौद्ध धर्म का आज समूचे विश्व में पुन: प्रचार और प्रसार हो रहा है। संभवत: भारतीय धर्मों में बौद्ध धर्म के ही अनुयायियों ने सर्वप्रथम विदेशों में अपने शास्त्र के उपदेशों के प्रचार-प्रसार के लिए दुर्गम पर्वतीय क्षेत्रों और सागर-पार की यात्राएँ कीं। एक ओर तिज़्बत, चीन, जापान तो दूसरी ओर सुदूर पूर्व एशिया के देशों सहित दक्षिण में श्रीलंका तक बौद्ध भिक्षु भगवान् बुद्ध के संदेशों को जन-जन तक पहुँचाने के लिए स्वदेश से बाहर निकले। उज़र-पश्चिम में वे अफ़गानिस्तान और उससे आगे भी पहुँचे।

आज से लगभग ढाई हज़ार वर्ष पूर्व बुद्धदेव का जन्म और उनके द्वारा चलाए गए धर्म का उत्थान कोई आकस्मिक घटना नहीं थी। वस्तुत: बौद्ध धर्म उस विचारधारा का स्वाभाविक परिणाम था, जो कर्मकांड, हिंसायुक्त यज्ञ के आडंबर और पुरोहितवाद के विरुद्ध पहले से ही बहती आ रही थी। तत्कालीन समाज एक प्रकार से बौद्धिक संकट से ग्रस्त था। जन-साधारण की कठिनाई यह थी कि यज्ञ को छोड़कर उसके आगे धर्म का कोई और मार्ग नहीं था। किंतु समाज प्राय: यज्ञ के विरुद्ध होता जा रहा था और सामान्य गृहस्थ भी यह महसूस करने लगे थे कि यज्ञों के आलोचक सच ही तो कह रहे हैं। उधर, उपनिषदों से जो ज्ञान आ रहा था, उस तक सामान्य जन की पहुँच नहीं थी।

ऐसी स्थिति में जनता किसी ऐसे धर्म की प्रतीक्षा में थी जो जटिल न होकर सुबोध हो, आडंबर से मुक्त होकर सुगम हो। जनता किसी व्यावहारिक धर्म की तलाश में थी और बुद्धदेव ने वही उसे दिया।

लगभग बारहवीं शती तक बौद्ध धर्म भारत में बना रहा। नालंदा, विक्रमशिला, तक्षशिला के विश्वविद्यालयों में देश एवं विदेशों के लोग बौद्ध धर्म का अध्ययन करते थे। उसी काल में बौद्ध धर्म का दुर्गम तिज़्बत सहित चीन, जापान, बर्मा, थाईलैंड, श्रीलंका आदि में व्यापक प्रचार हुआ।

◻

त्रिपिटकों का संकलन

भगवान् बुद्ध के महापरिनिर्वाण के पश्चात् 477 ई.पू. राजगृह में हुई एक सभा में भगवान् बुद्ध के प्रवचनों को लिपिबद्ध किया गया। सौ वर्षों बाद 377 ई.पू. में वैशाली में इसी विषय पर पुन: एक सभा हुई। एक सौ छत्तीस वर्षों बाद, अर्थात् 241 ई.पू. में पाटलिपुत्र में आयोजित तीसरी सभा में त्रिपिटकों में बौद्ध धर्म के दर्शन, सिद्धांतों और नियमों को प्रामाणिक रूप दिया गया।

भगवान् बुद्ध ने क्लेशों के नाश हेतु 84,000 धर्म-स्कंधों का उपदेश दिया था। उनके अनुसार आचरण करने से समस्त क्लेशों से मुक्ति संभव हो जाती है। इन धर्मों को संक्षेप में बारह भागों में बाँटा गया है। ये द्वादशांग धर्म प्रबचन कहलाते हैं। उन बारह भागों को यदि और संक्षिप्त किया जाए तो वे तीन पिटकों में समाविष्ट हो जाते हैं।

तीन त्रिपिटक हैं—विनय पिटक, सुज़ पिटक और अभिधज़्म पिटक। त्रिपिटक पाली भाषा में है।

विनय पिटक—विनय पिटक में भिक्षुओं के लिए भगवान् बुद्ध द्वारा निर्देशित आचार संकलित हैं।

सुज़ पिटक—सुज़ पिटक में पाँच निकायों में बौद्ध धर्म के सिद्धांत और भगवान् बुद्ध की संगोष्ठियाँ संकलित हैं।

अभिधज़्म पिटक—अभिधज़्म पिटक में दार्शनिक चर्चाएँ और धर्म विश्वास वचन संकलित हैं।

इन त्रिपिटकों में संकलित बुद्ध वचन 'त्रिपिटक बुद्ध वचन' कहलाते

हैं। बौद्ध धर्म को समझने के लिए त्रिपिटकों का अध्ययन आवश्यक है।

अपनी कृति 'बौद्धसिद्धांतसार' में परम पावन दलाई लामा लिखते हैं—

'भगवान् बुद्ध के समस्त उपदेशों का सार तीन शिक्षाएँ हैं—अधिशील शिक्षा, अधिसमाधि शिक्षा एवं अधिप्रज्ञ शिक्षा।' उनकी तीन शिक्षाओं में अधिशील शिक्षा सर्वप्रथम मानी गई है। आचार्य नागार्जुन के अनुसार, जैसे पृथ्वी संपूर्ण लोकों का आधार होती है, उसी तरह यह भी समस्त गुणों का आधार होती है।

त्रिपिटकों के सारे तत्त्वों का इन तीनों शिक्षाओं में समावेश हो जाता है।

□

प्रतीत्य समुत्पाद

बौद्ध धर्म का मूल है—प्रतीत्य समुत्पाद। इसका अर्थ है—प्रत्ययों से उत्पत्ति का नियम। कहा जाता है, सम्यक् संबोधि प्राप्त करते समय ही भगवान् बुद्ध को इस महान् सत्य का साक्षात्कार हुआ था। भगवान् बुद्ध इसे अत्यंत महत्त्वपूर्ण मानते थे। धर्म और प्रतीत्य समुत्पाद की एकता दिखाते हुए उन्होंने कहा था, ''जो कोई प्रतीत्य समुत्पाद को देखता है, वह धर्म को देखता है और जो कोई धर्म को देखता है, वह प्रतीत्य समुत्पाद को देखता है।''

भगवान् बुद्ध का अभिप्राय था कि समस्त विश्व कार्य-कारण परंपरा का परिणाम है। प्रत्येक घटना पूर्व घटना का परिणाम होती है। इसी प्रकार, प्रत्येक वस्तु से दूसरी वस्तु उत्पन्न होती है। सभी वस्तुएँ सापेक्ष हैं। वे क्रमश: नष्ट और उत्पन्न होती रहती हैं। इस भाँति कार्य-कारण परंपरा का प्रवाह चलता रहता है। यही जगत् है। यहाँ नित्य कुछ भी नहीं। भगवान् बुद्ध चेतना को मानते हैं, लेकिन वह स्थायी नहीं है। पाँच स्कंधों, अर्थात् रूप, वेदना, विज्ञान, संस्कार और संज्ञा का संघात ही आत्मा है।

बौद्ध धर्म की स्थविरवाद परंपरा के अनुसार प्रतीत्य समुत्पाद का विवरण इस प्रकार है—

1-2 अविद्या के प्रत्यय से संस्कार
2-3 संस्कारों के प्रत्यय से विज्ञान
3-4 विज्ञान के प्रत्यय से नामरूप
4-5 नामरूप के प्रत्यय से षडायतन

5-6 षडायतन के प्रत्यय से स्पर्श

6-7 स्पर्श के प्रत्यय से वेदना

7-8 वेदना के प्रत्यय से तृष्णा

8-9 तृष्णा के प्रत्यय से उपादान

9-10 उपादान के प्रत्यय से भव

10-11 भव के प्रत्यय से जाति (जन्म)

11-12 जाति के प्रत्यय से जरा-मरण, शोक, परिदेव, दु:ख, दौर्मनस्य।

जीवन की इन बारह कड़ियों को द्वादश निदान की संज्ञा दी गई है। इसी द्वादश निदान के अनुसार, भूत संस्कार या भूत जीवन अथवा अतीत से अर्थात् अविद्या एवं संस्कार से वर्तमान जीवन की अर्थात् भव, उपादान, तृष्णा, वेदना, स्पर्श, षडायतन, नामरूप विज्ञान की घटनाएँ घटती हैं। ये आठ निदान अथवा अंग भव कहलाते हैं। जन्म लेने को जाति की संज्ञा दी गई है और जन्म के साथ ही जरा-मरण और दु:ख जुड़ा हुआ है।

प्रतीत्य समुत्पाद के अनुसार, कोई भी घटना बिना किसी कारण नहीं घट सकती और यह कारण या कार्य नित्य नहीं रहता। कारण के हटते ही कार्य समाप्त हो जाता है। आत्मा अथवा अहम्भाव भी क्षणिक कारणों तथा नित्य परिवर्तनशील घटनाओं के प्रवाह की संतति से होता है।

प्रतीत्य समुत्पाद को जीवन के विकास का क्रम कहा गया है। उसे दु:ख निरोधगामी अष्टांगिक मार्ग की तात्त्विक व्याख्या बताया गया है। प्रतीत्य समुत्पाद यह बताता है कि प्राणी किस प्रकार अविद्या के कारण नाना अनुभवों और चेतनाओं की अवस्था में भ्रमण करता है। दु:ख का आधिक्य ही प्राणी को दु:ख निरोध की ओर ले जाता है।

◻

बौद्ध धर्म में कर्म

कर्म भगवान् बुद्ध के नैतिक आदर्शवाद की आधारशिला है। बुद्ध शासन कर्म पर ही आधारित है। कर्म और विपाक के पारस्परिक संबंध एवं अन्योन्याश्रित स्वरूप से ही यह संसार-चक्र चलता है—

कमा विपाका वतंति विपाकों कम संभवो
कमा पुनज़्भवो होति एवं लोको पवतति।

कर्म से विपाक प्रवर्तित होते हैं और स्वयं विपाक कर्म से संभव है। कर्म से पुनर्जन्म होता है, इस प्रकार यह संसार प्रवर्तित होता है। भगवान् बुद्ध के कर्म शील पर आधारित हैं। वे मैत्री, करुणा और दया से परिपूर्ण होते हैं। क्रोध-लोभजन्य कर्मों का कोई स्थान नहीं। भगवान् बुद्ध जानते थे कि कर्मों का फल अवश्य मिलेगा। शुभ कर्मों का शुभ एवं अशुभ कर्मों का अशुभ फल प्राप्त होगा। एक बार उन्होंने भिक्षुओं से प्रवचन के दौरान कहा—

भिक्षुओ, क्रोध को छोड़ो, लोज़ को छोड़ो, द्वेष को छोड़ो। मैं तुज़्हारा जामिन बनता हूँ, तुज़्हें फिर इस संसार में नहीं आना पड़ेगा।

कर्म के तीन स्वरूप होते हैं—कायिका, वाचसिक एवं मानसिक। बौद्ध धर्म में दस अकुशल कर्मों का प्रतिपादन है। ये हैं, कायिक—प्राणतिपात, प्राणिहत्या, अदतादान-चोरी, कामेसु भिच्छाचार, कामभोग संबंधी दुराचार।

वाचसिक—मुसावाद-मिथ्या भाषण, पिशुनावाचा-पिशुन वचन, पुरुषा वाचा-कठोर वचन, सफ लाफ-व्यर्थ आलाप।

मानसिक—अभिबजा-लोभ, व्यापाद-मानसिक हिंसा, मिच्छादिष्टि।

भगवान् बुद्ध की इन शिक्षाओं का मुज़्य लक्ष्य दुःख निवृज़ि है। उन्होंने इन बातों को चार भागों में विभक्त किया है। इन्हीं को चार आर्य-सत्य कहते हैं—

दुःख—जीवन दुःखों से भरा है। जन्म, जरा, मृत्यु, रोग, प्रिय-वियोग, अप्रिय की प्राप्ति आदि सभी दुःख हैं।

दुःख—समुदाय-दुःख किसी कारण से उत्पन्न होते हैं।

दुःख—निरोध-उनका अंत हो सकता है।

दुःख—निरोध मार्ग-उनके अंत का उपाय है।

जीवन में प्रगति के लिए इन चारों बातों को मानना आवश्यक है। जो व्यक्ति दुःख का अस्तित्व ही नहीं मानता, वह उनका अंत करने के लिए प्रयत्न ही क्यों करेगा? इसी प्रकार यदि दुःख बिना कारण के उत्पन्न हो जाते हैं तो उनका अंत होना असंभव है। साधना के लिए वह विश्वास भी आवश्यक है कि दुःखों का अंत हो सकता है और उसका उपाय है।

दुःख को बताने के लिए बौद्ध धर्म में एक चक्र का प्रतिपादन किया गया है, जिसमें बारह आरे, अर्थात् बातें हैं। एक बात से दूसरी बात उत्पन्न होती है और चक्र चलता रहता है।

जरा-मरण (1) आदि दुःख तभी होते हैं, जब जाति (2) अर्थात् जन्म होता है, जाति तब होती है, जब भव (3) अर्थात् उसे ग्रहण करने की इच्छा हो। यह इच्छा उपादान (4) अर्थात् आसक्ति के कारण होती है। उत्पादन का कारण है तृष्णा (5) अर्थात् बाह्य विषयों की लालसा। तृष्णा वेदना (6) अर्थात् अनुकूल या प्रतिकूल की अनुभूति से उत्पन्न होती है। वेदना स्पर्श (7) अर्थात् इंद्रिय और विषयों के परस्पर-संबंध से उत्पन्न होती है। स्पर्श का कारण है षडायतन (8) अर्थात् इंद्रियाँ। षडायतन का आधार नामरूप (9) अर्थात् शरीर और चेतना का गर्भ के रूप में प्रथम संबंध है। यह संबंध विज्ञान (10) अर्थात् मूल अनुभूति के कारण होता है।

विज्ञान का कारण पूर्वजन्म के संस्कार (11) और संस्कारों का कारण अविद्या (12) है।

यह क्रम सर्वत्र एक सा नहीं है। बुद्ध ने अपने उपदेशों में बार-बार इसका उल्लेख किया है। इनको निदान (संसार का कारण) और भव-चक्र शज्द से भी प्रकट किया है। श्रद्धालु बौद्ध बारह मणियों की माला रखते हैं और उसे घुमाते रहते हैं। वह इसी चक्र का प्रतीक है।

दु:ख का इस प्रकार निदान हो जाने के पश्चात् उसके निरोध (निर्वाण) का मार्ग ढूँढ़ना और उसका अनुसरण करना चाहिए। इसी मार्ग को 'निरोधगामिनी प्रतिपदा' (मध्यम) कहते हैं। यह अष्टांग भी कहलाता है। आठ अंग निज्नलिखित हैं—

(1) सज्यक् दृष्टि (जीवन में यथार्थ दृष्टिकोण)
(2) सज्यक् संकल्प (यथार्थ दृष्टिकोण से यथार्थ विचार)
(3) सज्यक् वाचा (यथार्थ विचार से यथार्थ कर्म)
(4) सज्यक् कर्मांत (यथार्थ वचन से यथार्थ कर्म)
(5) सज्यक् आजीव (यथार्थ कर्म से उचित जीविका)
(6) सज्यक् व्यायाम (उचित जीविका के लिए उचित प्रयत्न)
(7) सज्यक् स्मृति (उचित प्रयत्न से उचित स्मृति)
(8) सज्यक् समाधि (सज्यक् स्मृति से सज्यक् जीवन का संतुलन)।

बुद्ध का मुज्य बल जीवन को सुधारने पर था। तृष्णा, मोह आदि जिन कारणों से मनुष्य दु:खी होता है, उनका विश्लेषण और उनसे ऊपर उठने का उपाय बताना ही उनका लक्ष्य था। जब कोई व्यक्ति उनसे आत्मा, परलोक, विश्व का मूल कारण आदि दार्शनिक बातों के विषय में पूछता तो वे इस चर्चा को व्यर्थ कहकर टाल देते थे। उनका कहना था कि जिस व्यक्ति की छाती में तीर घुसा हुआ है और रक्त बह रहा है, उसका पहला काम तीर को निकालना है, न कि इस आशय की जानकारी प्राप्त करना कि वह तीर किसने बनाया, किसने उसे चलाया और वह किस धातु का बना

हुआ था। उनका मानना था कि इन प्रश्नों की चर्चा में पड़ना मूर्खता है।

बुद्ध ने दस बातों को 'अव्याकृत' बताया है, अर्थात् इनके विषय में कोई निश्चित बात नहीं कही जा सकती, इनकी चर्चा को व्यर्थ बताया है (1) क्या विश्व अनादि है? (2) क्या विश्व सादि है? (3) क्या वह अनंत है? (4) क्या वह शांत है? (5) क्या शरीर और आत्मा एक हैं? (6) क्या वे परस्पर भिन्न हैं? (7) क्या बुद्ध मृत्यु के पश्चात् रहते हैं? (8) क्या वे नहीं रहते? (9) क्या वे रहते और नहीं भी रहते? (10) क्या वे नहीं रहते हैं और न नहीं भी रहते हैं?

यद्यपि, संयुक्त निकाय में इन प्रश्नों को 'अव्याकृत' कहा गया है, फिर भी बौद्ध दार्शनिकों ने इन बातों को लेकर पर्याप्त चर्चा की है।

□

बौद्ध धर्म में निर्वाण

बौद्ध धर्म में निर्वाण अंतिम लक्ष्य, अमृत पद माना गया है। बौद्ध धर्म के अनुसार राग, द्वेष और मोह संसार की समस्त बुराइयों, समस्त दु:खों की जड़ है। इनसे ग्रस्त व्यक्ति कभी सुखी नहीं रह सकता। राग, द्वेष, मोह से मुक्ति का नाम ही निर्वाण है।

भगवान् बुद्ध ने और बाद में उनके शिष्यों और अनुयायियों ने बारंबार निर्वाण की प्रशंसा की है। धीरा नामक भिक्षुणी से भगवान् बुद्ध ने कहा था, ''धीरे, तू निर्वाण की आराधना कर, जो अद्वितीय योगक्षेम है।''

भगवान् बुद्ध ने निर्वाण को 'महासुख' भी कहा है और अहंभाव को विसर्जित करनेवाला व्यक्ति इस महासुख की अवस्था को प्राप्त कर सकता है। निर्वाण दु:ख विमुक्ति की अवस्था है और इसलिए यह परमसुख भी है, ऐसा परमसुख जो निरामिष, आलंबन की अपेक्षा से रहित है।

इस निर्वाण को भगवान् बुद्ध द्वारा निर्देशित अष्टांगिक मार्ग पर चलकर उपलब्ध किया जा सकता है। प्रारंभिक बौद्ध साधना में निर्वाण एक उच्चतम आध्यात्मिक अनुभव था। यह अनुभव उच्चतम साधना की अवधि में ही प्राप्त होता है। यह उच्चतम साधना अहंभाव का विसर्जन करती थी, नाश करती थी, और फलत: व्यक्ति भवसागर पार कर जाता था। पर इसके लिए 'यह मैं हूँ' का भ्रम दूर करना अनिवार्य था।

☐

बौद्ध धर्म में आत्मा

बौद्ध धर्म में कर्म एवं पुनर्जन्म के साथ-साथ आत्मा के विषय में भी गहन चिंतन मिलता है। स्वयं भगवान् बुद्ध ने अपने उपदेशों में आत्मा के संबंध में विचार व्यक्त किए और शिष्यों को बताया कि किन-किन तत्त्वों को आत्मा नहीं मानना चाहिए। भगवान् बुद्ध के अनुसार मनुष्य रूप, वेदना, संज्ञा, संस्कार और विज्ञान अर्थात् चेतना का समुच्चय होता है। जब ये स्कंध कर्म के परोक्ष प्रभाववश संस्कार उत्पन्न करते हैं तो जीवन अस्तित्व धारण करता है। मृत्यु के बाद रूप, वेदना तथा संज्ञा नष्ट हो जाते हैं, परंतु विज्ञान एवं संस्कार शेष रहते हैं। इन्हीं के कारण पुनर्जन्म संभव हो पाता है। भगवान् बुद्ध के अनुसार, ''रूप आत्मा नहीं है'', ''वेदना आत्मा नहीं है'', ''संज्ञा आत्मा नहीं है'', ''संस्कार आत्मा नहीं है'', ''विज्ञान आत्मा नहीं है'', इनको आत्मा मानना उचित नहीं, क्योंकि ये बाधाग्रस्त हैं, 'अनित्य' दुःख हैं। ये कैसे 'अता' अर्थात् अपने हो सकते हैं। 'अनता' है। □

बौद्ध धर्म का दर्शन

भगवान् बुद्ध के महापरिनिर्वाण के बाद वैशाली में आयोजित बौद्ध संघ की द्वितीय संगति के परिणामस्वरूप महासांघिकों की एक अलग सभा का एक प्रभावशील वर्ग स्थविरवाद परंपरा से अलग हो गया था। उन्होंने कौशांबी में एक अलग सभा की, जिसमें दस हजार भिक्षु उपस्थित थे। कालांतर में बौद्ध धर्म अठारह संप्रदायों में बँट गया। इन्हीं में से एक थे वेतुल्ल या वैपुल्यवादी। महापंडित राहुल सांकृत्यायन के शब्दों में, ''वैपुल्य ही वह नाम है, जिससे महायान आरंभिक काल में प्रसिद्ध हुआ।''

महायान का उद्देश्य समस्त प्राणी मात्र का उद्धार करना है। अपने इस उद्देश्य की प्राप्ति के लिए साधक अनेक कल्पों तक पारमिताओं को पूर्ण करता है तथा सर्वज्ञत्व को पाने के लिए सतत चेष्टारत रहता है।

दोनों यानों अर्थात् हीनयान एवं महायान के उद्देश्य समान हैं— अर्थात् बुद्धत्व की प्राप्ति।

हीनयान संप्रदाय के लिए निर्वाण आनंद स्थिति है। इसे, अर्थात् निर्वाण को, अर्जित करना पड़ता है।

महायान संप्रदाय में निर्वाण साधक की अंतिम, नित्य एवं स्थायी गति है। सामान्य जन भ्रमवश ही उसे समझ नहीं पाते। भ्रम अज्ञान से ही उत्पन्न होता है। निर्वाण उद्बोधन से प्राप्त होता है।

बौद्ध धर्म के प्रचार-प्रसार तथा भगवान् बुद्ध के मूल उपदेशों को अक्षुण्ण रखते हुए महायान ने युगानुरूप उनकी नई सामाजिक व्याख्या की और इस तरह उसे एक नया अर्थ भी प्रदान किया। इस प्रक्रिया में महायान

धीरे-धीरे एशिया और आज विश्व का एक प्रमुख धर्म बन गया है।

उज़रकालीन बौद्ध धर्म के अनेक आचार्य जैसे अश्वघोष, नागार्जुन, वसुबंधु, असंग आदि ब्राह्मण थे और उन्होंने वैदिक साहित्य का गंभीरतापूर्वक अध्ययन किया था। बाद में वे बौद्ध धर्म से प्रभावित हुए और उसमें दीक्षित भी हुए। इन प्रकांड विद्वानों ने बौद्ध धर्म की दार्शनिक-पीठिका को पुष्ट एवं सर्वजन-अनुकूल बनाने का महज़र कार्य किया। उनकी कृतियाँ संस्कृत और अर्धसंस्कृत में थीं।

महायान के आचार्यों ने बोधिसत्व संबंधी सिद्धांत भी प्रस्तुत किया। दीर्घनिकाय और मबिझमनिकाय के अनेक सुतों (सूत्रों) में 'बोधिसत्व' शज़्द अनेक बार आया है। भगवान् बुद्ध जब अपने पूर्व जन्मों में बुद्धत्व की प्राप्ति के लिए साधना कर रहे थे, तब वह बोधिसत्व ही भविष्य का बुद्ध है।

महायान का सर्वकल्याणकारी महान् सिद्धांत यह है कि बोधिसत्व वह महाप्राणी है, जो विश्व के समस्त प्राणियों की मुक्ति की उपलज़्धि तक अपने व्यक्तिगत निर्वाण को स्वीकार नहीं करता। इस तरह दूसरों की विमुक्ति के लिए, पर मुक्ति के लिए, अपनी आत्म-मुक्ति की बलि चढ़ा देता है। यह एक महान् त्याग है। एक तरह से यह मनुष्य को देवत्व की ओर ले जाता है। बोधिसत्व व्यक्तिगत निर्वाण को त्यागकर परसेवा में तल्लीन रहते हैं। वे दुःखपूर्ण संसार का मार्गदर्शन करते हैं, उसे दुःखों से मुक्ति दिलाते हैं। उन्हें अपने व्यक्तिगत निर्वाण की चिंता नहीं होती। स्वयं भगवान् बुद्ध ने भिक्षुओं से बारंबार जोर देकर कहा था, "बहुजन के हितार्थ, भिक्षुओ! घूमो बहुजन के सुखार्थ।"

जातकट्ट-कथा (जातक कथा)—निदान कथा में बोधिसत्व का कथन है, "मुझ शक्तिशाली पुरुष के लिए अकेले तर जाने से क्या लाभ? मैं तो सर्वज्ञता को प्राप्त कर देवता सहित इस सारे लोक को तारूँगा।"

'बोधिचर्यावतार' में आचार्य शांतिदेव (सातवीं शती) कहते हैं,

"प्राणियों की विमुक्ति के समय जो आनंद उमड़ते हैं, वही पर्याप्त हैं, रस-विहीन मोक्ष का क्या करना?"

'शिक्षासमुच्चय' में बोधिसत्व की घोषणा है, "मैं सब प्राणियों को मुक्ति दिलवाऊँगा। जब तक एक भी प्राणी बाकी है, मैं बिना निर्वाण प्राप्त किए ठहरा रहूँगा।"

बोधिसत्व संबंधी इस विचार के विकास की मुख्य छह अवस्थाएँ मानी गई हैं।

सर्वप्रथम, अवलोकितेश्वर बोधिसत्व का आविर्भाव हुआ। वे भगवान् बुद्ध की करुणा के प्रतीक थे।

उनके बाद मंजुश्री बोधिसत्व आए। वे भगवान् बुद्ध की प्रज्ञा का प्रतिनिधित्व करते थे। प्रज्ञा का स्थान करुणा से ऊपर था। कालांतर में करुणा ने प्रज्ञा से वरीयता प्राप्त कर ली।

अन्य प्रमुख बोधिसत्व हैं—समंतभद्र, वज्रपाणि, वज्रगर्भ, क्षितिगर्भ, रत्नगर्भ, सर्वावरणविष्कभिन् और मैत्रेय। बौद्ध धर्म में करुणा का स्थान सर्वोपरि होता गया।

पीड़ित, दुःखी लोगों की सेवा निर्वाण से अधिक जरूरी और महत्त्वपूर्ण हो गया। फलत: करुणा के प्रतीक अवलोकितेश्वर बोधिसत्व को भी बोधिसत्वों की परंपरा में सर्वोच्च स्थान प्राप्त हो गया। अवलोकितेश्वर का ही विश्वप्रसिद्ध मंत्र है, "ॐ मणि पद्मे हुँ।"

☐

बौद्ध धर्म में भक्ति

अपने आराध्य की आराधना, पूजा और भक्ति मनुष्य के स्वभाव की विशेषता है, फिर वह आराध्य चाहे, 'परंब्रह्म' की भाँति अनादि, अनंत और इंद्रियातीत हो अथवा भगवान् बुद्ध एवं आराध्य महावीर या यीशु मसीह की तरह देहधारी। अपने आराध्य की भक्ति में मनुष्य को न केवल आत्मिक सुख प्राप्त होता है, वरन् वह इस भक्ति से आत्मिक बल एवं दिव्य ऊर्जा भी पाता है। भक्ति के लिए कोई-न-कोई आलंबन जरूरी है। मनुष्य इस आलंबन के बिना नहीं रह सकता, चाहे वह मूर्तिपूजक हो अथवा मूर्तिपूजा का विरोधी।

बौद्ध धर्म में भगवान् बुद्ध के प्रति आत्मार्पण एवं भक्ति उनके जीवन-काल में ही प्रारंभ हो गई थी। महायान ने इस सहज प्रवृत्ति को व्यवस्थित रूप दिया। महायान के आचार्य, जो पूर्व में विद्वान् ब्राह्मण थे, भक्ति की यह भावना, जो स्तुति रूप में ऋग्वैदिक काल से चली आ रही थी, बौद्ध धर्म में और भी प्रबल रूप से ले आए। महायान के उद्भव और विकास के समय भारत में वासुदेव की पूजा प्रचलित थी। उसके साथ-साथ शैवसाधना भी विकसित हो रही थी। फलत:, इन सबके प्रभाव से महायानी आचार्य असंपृक्त न रह सके। डॉ. हरदयाल का मत है कि 'पूर्वतम काल से भक्ति बौद्ध आदर्श का अविभाज्य अंग थी।' महायान ने इस भक्तिभाव को और पुष्ट किया। फलत:, भगवान् बुद्ध के प्रति पूर्णत: शरणागत हो भिक्षु एवं गृहस्थ भी उनके नाम का जप करने लगे। 'शिक्षा समुच्चय' और

'बौद्धचर्यावतार' में बोध-चित की उत्पत्ति के लिए वंदना-पूजा, शरणागति, पाप देशना अर्थात् अपने पापों की स्वीकृति, उनका उद्घाटन, प्रार्थना-याचना को आवश्यक बताया गया है। भिक्षु धर्मों के साथ सेवाकार्य का सज्मिश्रण बौद्ध धर्म की विशिष्ट देन है।

❑

बौद्ध धर्म के पर्व

अन्य धर्मों की भाँति बौद्ध धर्म में भी कुछ विशेष दिवस मनाए जाते हैं। इन्हें दो वर्गों में बाँटा जा सकता है। एक तो वे जिन्हें हीनयान (थेरावा) और महायान के अनुयायी मानते हैं। इनमें अपनी-अपनी परंपरा के अनुसार तिथियाँ होती हैं। दूसरे वे जिन्हें जापान के बौद्धधर्मावलंबी मानते हैं और विदेशों में उनके अनुयायी हैं।

विश्व के सभी बौद्धों द्वारा ये तीन दिवस मनाए जाते हैं—(1) बुद्ध का प्राकट्य दिवस, (2) बोधि दिवस एवं (3) निर्वाण दिवस।

भारत में मूल बौद्ध धर्म के अनुयायी बुद्ध पूर्णिमा को उनका जन्म-दिवस, बुद्धत्व-प्राप्ति दिवस एवं निर्वाण दिवस मनाते हैं।

बुद्ध का प्राकट्य अथवा जन्म दिवस—महायान परंपरा के अनुसार लुंबिनी के उद्यान में ईसा से 550 वर्ष पूर्व शाक्य मुनि बुद्ध का जन्म हुआ था। उनके अनुसार, यह तिथि 8 अप्रैल को पड़ती है। इसे पुष्प पर्व भी कहा जाता है।

अमरीका में बौद्ध इस तिथि को बौद्ध विहार में स्थापित शाक्य मुनि की प्रतिमा को मीठी चाय से स्नान कराते हैं। विहार को फूलों से सजाया जाता है। कहा जाता है कि जिस दिन बुद्ध का जन्म हुआ था, उस दिन स्वर्ग से मीठी बरसात हुई थी। इसी की स्मृति में प्रतिमा को मीठी चाय से स्नान कराया जाता है।

इसी तरह बच्चों की परेड आदि के भी आयोजन किए जाते हैं। हवाई में इसे राजकीय त्योहार के रूप में मनाया जाता है, तथापि उस दिन

सार्वजनिक अवकाश नहीं होता।

थेरावाद अथवा हीनयान की परंपरा के अनुसार ईसा से 628 वर्ष पूर्व वैशाख पूर्णिमा को बुद्ध का जन्म हुआ था। थेरावादी बौद्ध उसे जन्म दिवस ही नहीं, बोधि दिवस एवं निर्वाण दिवस के रूप में भी मनाते हैं।

बोधि दिवस—महायान परंपरा के बौद्ध आठ दिसंबर को बोधि दिवस मनाते हैं। उनके अनुसार ईसा से 531 वर्ष पूर्व बोधगया में बोधिवृक्ष के नीचे उन्हें बुद्धत्व प्राप्त हुआ था।

निर्वाण दिवस—महायान परंपरा के अनुसार, ईसा से 486 वर्ष पूर्व 15 फरवरी को कुशीनगर में तथागत ने अस्सी वर्ष की अवस्था में महानिर्वाण प्राप्त किया था।

जापान में लोग अपने परिवार की स्मृति में उसी दिन प्रार्थनाएँ करते हैं। 'एई ताई क्यों' नामक इस प्रार्थना में मृतक की स्थायी स्मृति के लिए सूत्रपाठ किया जाता है।

अमरीका में बौद्ध ये तीन दिवस भी मनाते हैं—

एक जनवरी—शु शो ये—नववर्ष दिवस प्रार्थना।

एक सितंबर—स्थापना दिवस।

31 दिसंबर—जो या ये—नववर्ष की पूर्व सांध्य-प्रार्थना।

बौद्ध धर्म के संस्कार

बौद्ध धर्म का प्रचार-प्रसार अनेक देशों में हुआ। बौद्ध धर्म ग्रहण करनेवाले गृहस्थों ने जन्म से लेकर मृत्यु तक के संस्कारों को अपनी देशीय एवं स्थानीय परंपराओं-परिवेशों से लेकर उन्हें बुद्ध-उपदेशों के अनुरूप ढाल लिया। अन्य धर्मावलंबियों की भाँति गृहस्थ बौद्ध भी जन्म से लेकर मृत्यु तक अनेक संस्कारों का पालन करते हैं।

❏

धम्मपद

भगवान् बुद्ध ने समय-समय पर अनेक स्थानों पर अनेक स्थविरों तथा दूसरों को जो उपदेश दिए थे, वे 'धज्ञपद' में मिलते हैं। 'धज्ञपद' का स्थान बौद्ध जगत् में बहुत ऊँचा माना गया है। इसकी पालि भाषा बहुत सरल और मधुर है। एक-एक गाथा ऊँची प्रेरणा देती है।

'धज्ञपद' त्रिपिटिक के सुज़पिटक के खुद्दक-निकाय के 15 ग्रंथों में से एक है। इसमें कुल 423 गाथाएँ, अर्थात् श्लोक हैं, जो 26 वग्गो या विषयों में विभक्त हैं। नीचे कुछ उद्बोधक गाथाएँ प्रस्तुत हैं। पालि भाषा के सरल श्लोकों में कहा गया है—

अकोच्छि मं अवधि मं अजिनि मं अहासि मे।
ये च तं उपनय्हन्ति वेरं तेसं समति॥ 1॥

(*यमक वग्ग*)

मुझे उसने डाँटा-डपटा, मुझे उसने मारा-पीटा, मुझे उसने जीत लिया और उसने मेरा छीन लिया—मन में जो ऐसी-ऐसी बातें लाते रहते हैं, उनका वैर शांत नहीं होता।

न हि वेरेन वेरानि समंतीध कुदाचनं।
अवेरेन च समंति एस धमो सनंतनो॥ 2॥

(*यमक वग्ग*)

इस संसार में वैर कभी वैर से शांत नहीं होता है, वैर तो अवैर अर्थात्

मैत्री से ही शांत होता है—

यही सनातन नियम है।

असारे सारमतिनो सारे चासारदस्सिनो।
ते सारं नाधिगेछंति मिच्छासंकप्पगोचरा॥ 3॥

(यमक वग्ग)

मिथ्या संकल्प में पड़े हुए जो लोग असार को सार समझते हैं और सार को असार, उनको सार तज़्व प्राप्त नहीं होता।

यथागारं दुेछन्नं वुट्टी समतिविबझति।
एंव अभवितं चिज़ं रागो समतिविबझति॥ 4॥

(यमक वग्ग)

जैसे बुरी तरह छाए हुए घर में वर्षा का पानी प्रवेश कर जाता है, वैसे ही उस चिज़ में राग पैठ जाता है, जिसने ध्यान का अज़्यास नहीं किया।

यथागारं सुेछन्नं वुट्ठी समतिविबझति।
एवं सुभावितं चिजं रागो न समतिविबझति॥ 5॥

(यमक वग्ग)

जैसे भलीभाँति छाए हुए घर में वर्षा का पानी प्रवेश नहीं कर सकता, वैसे ही उस चिज़ में राग नहीं पैठ सकता, जिसने ध्यान का भलीभाँति अज़्यास किया है।

इध सोचति पेच सोचति पापकारी उभयत्थ सोचति।
सो सोचति सो विहज्ञति दिस्वा कमकिलिट्ठमज़नो॥ 6॥

(यमक वग्ग)

इस लोक में शोक करता है और परलोक में भी पाप करनेवाला दोनों लोकों में शोक करता है; शोक करता है और चिंता में डूबा रहता है, अपने

मलिन कर्मों को देख-देखकर।

इध मोदति पेच मोदति कतपुञ्ञे अभयत्थ मोदति।
सो मोदति सो पमोदति दिस्वा कमविसुद्धिमज़नो॥ 7॥

(यमक वग्ग)

इस लोक में प्रसन्न रहता है और परलोक में भी, पुण्य करनेवाला दोनों लोकों में प्रसन्न रहता है; वह प्रसन्न रहता है, आनंद मनाता है, अपने विशुद्ध कर्मों को देख-देखकर।

उट्ठानेनप्पमादेन सञ्ञमेन दमेन च।
दीपं कयराथ मेधावी यं ओयो नाभिकीरति॥ 8॥

(अप्पमाद वग्ग)

उद्योग, अप्रमाद, संयम और इंद्रिय-दमन, इनके द्वारा बुद्धिमान मनुष्य को अपने लिए एक ऐसा द्वीप बना लेना चाहिए, जिसे बाढ़ डुबा नहीं सके।

सुदुद्दसं सुनिपुणं यत्थकामनिपातिनं।
चितं रक्खेय्य मेधावी, चिज़ं गुज़ं सुखावहं॥ 9॥

(चिज़ वग्ग)

बुद्धिमान्! मनुष्य अपने चिज़ पर चौकसी रखे, चिज़ को समझना आसान नहीं, वह बड़ा ही चालाक है, जहाँ चाहे चला जाता है। अत: अच्छी तरह रक्षित चिज़ ही सुख देता है।

अनवस्सुतचिज़स्स अनन्वाहतचेतसो।
पुञ्ञपापहीणस्स नत्थि जागरतो भयं॥ 10॥

(चिज़ वग्ग)

राग जिसके चिज़ में नहीं रह गया और द्वेष जिसके चिज़ से हट गया,

ऐसे पाप-पुण्य-सहित जागृत पुरुष को कोई भय नहीं।

न परंसं विलोमानि न परेसं कताकतं।
अज़नो 'व अवेक्खेय्य कतानि अकतानि च॥ 11॥

(पुप्फ वग्ग)

दूसरों के दोषों की और उनके किए तथा न किए की आलोचना नहीं करनी चाहिए। चिंतन सदा इसी बात का किया जाय कि स्वयं हमने क्या किया और क्या नहीं किया है।

चन्दनं तगरं वापि उप्पलं अथ वस्सिकी।
एतेयं गंधजातानं सीलगंधो अनुज़रो॥ 12॥

(पुप्फ वग्ग)

दन और तगर (एक सुगंधित वृक्ष), कमल और जूही, इन सबकी सुगंध की अपेक्षा शील की सुगंध कहीं उज़म है।

यावजीवपि चे वालो पण्डितं पयिरुपासति।
न सो धमं विजानाति दज़्बी सूपरसं यथा॥ 13॥

(बाल वग्ग)

मूर्ख जीवन भर यदि बुद्धिमान् के साथ रहे, तो भी उसे धर्म का ज्ञान होनेवाला नहीं, जैसे कलछी दाल-साग के रस का स्वाद नहीं जान सकती।

तञच कमं कतं साधु यं कत्वा नानुतप्पति।
यस्स पतीतो सुमनो विपाकं पटिसेवति॥ 14॥

(बाल वग्ग)

उसी काम को करना अच्छा है, जिसे करने पर पछताना न पड़े और जिसका फल प्रसन्नतापूर्वक सुलभ हो।

सेलो यथा एकघनो वातेन न सकीरति।
एवं निंदापसंसासु न समिंजंत पंडिता॥ 15॥

(पंडित वग्ग)

पर्वत जैसे वायु से कंपित नहीं होता, वैसे ही निंदा और स्तुति से पंडित विचलित नहीं हुआ करते।

अप्पका ते मनुस्सेन ये जना पारगामिनो।
अथायं इतरा पजा तीरमेवानुधावति॥ 16॥

(पंडित वग्ग)

ऐसे बहुत थोड़े लोग हैं, जो असल में उस पार जाना चाहते हों, अधिकांश तो ऐसे ही हैं, जो किनारे-किनारे ही दौड़ते रहते हैं।

यो सहस्सं सहस्सेन संगामे मानुसे जिने।
एकं च जेय्यमतानं स वे संगामजुतमो॥ 17॥

(सहस्स वग्ग)

युद्ध में सहस्रों लोगों को जीतने वाले की अपेक्षा वह कहीं बड़ा युद्ध-विजयी है, जो एक आने अपने-आपको जीत लेता है।

यो च वस्ससंत जीवे कुसीतो हीनवीरियो।
एकाहं जीवितं सेय्यो विरियमारभतो दन्हं॥ 18॥

(सहस्स वग्ग)

आलसी और अनुद्योगी के सौ वर्ष जीने से तो ऐसा एक दिन का जीना कहीं उज़म है, जो दृढ़ उद्योग से युक्त हो।

अभित्थरेथ कल्याणे पापा चित्तं निवारये।
दंधं हि करोतो पुञ्जं पापस्मिं रमते मनो॥ 19॥

(पाप वग्ग)

सत्कर्म करने में शीघ्रता की जाए और पाप से चिज़ को हटा लिया जाए; पुण्य–कार्य करने में जो ढिलाई करता है, उसका मन पाप (पंक) में सन जाता है।

सबबे तसन्ति दंडस्स सज़्बेसं जीवितं पियं।
अतानं उपमं कत्वा न हनेय्य न घातये॥ 20॥

(दंड वग्ग)

दंड से सभी डरते हैं, जीवन सभी को प्यारा है; अपनी ही तरह दूसरों को जानकर न तो मारना चाहिए और न मरवाना चाहिए।

न नग्गचरिया न जटा न पंका नानासका यण्डिलसायिका वा।
रजोवजल्लं उक्कुटिकप्पधानं सोधेन्ति मेचं अविंतिण्णकंखं॥ 21॥

(दंड वग्ग)

उस मनुष्य की शुद्धि न तो नग्न रहने से होती है, न जटा बढ़ाने से, शरीर पर पंक लपेटने से भी नहीं और न उपवास करने से, न कड़ी जमीन पर सोने से, मिट्टी मलने से भी नहीं, उकड़ूँ बैठने से भी नहीं, जिसकी आकांक्षाएँ समाप्त नहीं हो गई।

उदकं हि नयन्ति नेतिका उसुकारा नमयंति तेजनं।
दारूं नमयंति तेछका अतानं दमयन्ति सुज़्बतः॥ 22॥

(दंड वग्ग)

पानी को नहरवाले आगे ले जाते हैं, वाण बनाने वाले वाण को और लकड़ी को बढ़ई ठीक करते हैं; इसी तरह भलीभाँति व्रत पालने वाले अपने–आप दमन करते हैं।

अतानं एवं पठमं पटिरूपे निवेसये।
अयञ्ञमनुसासेय्य न किलिस्सेय्य पंडितो॥ 23॥

(अत वग्ग)

सबसे पहले अपने-आपको ही सही रास्ते पर ले जाना चाहिए, दूसरों को बाद में उपदेश देना चाहिए; ऐसा करने से बुद्धिमान् पुरुष को क्लेश नहीं होता।

अता हि अतनो नाथो को हि नाथो परो सिया।
अतनावव सुदंतेन नाथं लभति दुल्लभं॥ 24॥

(अज़ वग्ग)

अपना स्वामी मनुष्य आप ही है; दूसरा कौन उसका स्वामी होगा? जिसने अपने-आपको ठीक तरह से काबू में कर लिया, वही दुर्लभ स्वामित्व पाता है।

सुकरानि असाधूनि अतनो अहितानि च।
यं वे हितं च साधुं च ते वे परमदुक्करं॥ 25॥

(अज़ वग्ग)

बहुत आसान है बुरे कामों को करना, जिनसे अपना ही अहित होता है; अत्यंत कठिन तो ऐसे काम का करना है, जो हितकारी और अच्छा है।

सज़्बपापस्स अकरणं कुसलस्स उपसपदा।
स-चितपरियोदपनं, एतं बुद्धान सासनं॥ 26॥

(बुद्ध वग्ग)

एक भी पाप न करना, पुण्य कर्मों का संचय करना और अपने चिज़ को विशुद्ध रखना, यह है बुद्धों का शासन अर्थात् शिक्षा।

सुसुखं वत! जीवाम वेरिनेसु अवेरितो।
वेरिनेसु मनुस्सेसु विहराम अवेरिनो॥ 27॥

(सुख वग्ग)

अहा! क्या सुख का जीवन बिता रहे हैं हम, अवैरी हो वैरियों के प्रति भी! वैरियों के बीच अवैरी होकर विहार कर रहे हैं।

सुसुखं वत! जीवाम आतुरेसु अनातुरा।
आतुरेसु मनुस्मेसु विहराम अनातुरा॥ 28॥

(सुख वग्ग)

अहा! क्या ही सुख का जीवन बिता रहे हैं हम, भयातुरों को अभय देकर! निर्भय होकर भयभीतों के बीच हम विहार कर रहे हैं।

सुसुखं वत! जीवाम उस्सुकेसु अनुस्सुका।
उस्सुकेसु मनुस्सेसु विहराम अनुस्सुका:॥ 29॥

(सुख वग्ग)

अहा! क्या ही सुख का जीवन बिता रहे हैं हम, आसक्त मनुष्यों में अनासक्त हो! उनके बीच आसक्ति को छोड़कर हम विहार कर रहे हैं।

जयं वेरं पसवति दुक्खं सेति पराजितो।
उपसंतो सुखं सेति हित्वा जयपराजयं॥ 30॥

(सुख वग्ग)

विजय से शत्रुता पैदा होती है और पराजित दु:ख में डूबा रहता है; जो सर्वथा शांत है, वही जय और पराजय को छोड़ सुखपूर्वक सोता है।

अरोग्यपरमा लाभा संतुट्टो परमं धनं।
विस्सासपरमा प्राती निज्बाणं परमं सुखं॥ 31॥

(सुख वग्ग)

आरोग्य सबसे बड़ा लाभ है और संतोष सबसे बड़ा धन, विश्वास सबसे बड़ा बंधु है और निर्वाण परमसुख है।

तण्हाय जायते सोको तण्हाय जायते भयं।
तण्हाय विप्पमुतस्स नत्थि सोको कुतो भयं?॥ 32॥

(पिय वग्ग)

तृष्णा से शोक पैदा होता है और तृष्णा से ही भय; जो तृष्णा से मुक्त हो गया, उसे कोई शोक नहीं, फिर भय कहाँ से होगा?

यो वे उप्पतितं कोधं रथं भन्तं व धारये।
तमहं सारथि ब्रूमि, रस्मिग्गाहो इतरो जनो॥ 33॥

(क्रोध वग्ग)

सच्चा सारथी तो मैं उसी को कहूँगा, जो चढ़ते हुए क्रोध को भटके हुए रथ की तरह काबू में कर लेता है, दूसरे तो केवल लगाम थामनेवाले होते हैं।

अक्कोधेन जिने कोधं असाधुं साधुना जिने।
जिने कदरियं दानेन सच्चेन असिकवादिनं॥ 34॥

(क्रोध वग्ग)

क्रोध को अक्रोध से जीतना चाहिए और बुराई को भलाई से, दान से कंजूस को जीत लेना चाहिए एवं झूठ बोलनेवाले को सत्य से।

नत्थि रागसमो अग्गि नत्थि दोससमो गहो।
नत्थि मोहसमं जाल नत्थि तण्हासमा नदी॥ 35॥

(मल वग्ग)

राग-सरीखी कोई आग नहीं और द्वेष के समान कोई अनिष्टकारी ग्रह नहीं, मोह-जैसा कोई जाल नहीं एवं तृष्णा-जैसी कोई नदी नहीं।

सुदस्सं वबजमञपेसं अतनो पनः दुद्दसं।
परेसं हि सो वबजानि ओपुणाति यथाभसं।
अतनो पन छावेत कलंव कितवा सठो॥ 36॥

(मल वग्ग)

दूसरे का दोष देखना आसान है, अपना दोष देखना कठिन। दूसरों के दोषों को भूसे की तरह उड़ा रहा है वह! अपने दोषों को वैसे ही ढाँक लेता है, जैसे दुष्ट जुआरी अपना पासा।

न तेन पंडितो होति यावता बहु भासति।
खेमी अवेरी अभयो पंडितो ति पवुच्चति॥ 37॥

(धमट्ट वग्ग)

बहुत बोलने से कोई पंडित नहीं हो जाता, पंडित तो वही कहा जाता है, जो क्षेमवान् अवैरी और निर्भय है।

न तेन अरियो होति येनपाणानि हिंसति।
अहिंसा सज्ज्बपाणानं अरियो ति पवुच्चति॥ 38॥

(धमट्ट वग्ग)

प्राणियों की हिंसा करने से कोई आर्य नहीं होता; आर्य उसे ही कहना चाहिए, जो किसी भी प्राणी की हिंसा नहीं करता।

परदुक्खूपदानेन यो अतनो सुखमिच्छति।
वेरसंसग्गसंसट्टो वेरा सो न पमुंचति॥ 39॥

(पकिण्णक वग्ग)

दूसरों को दुःख देकर जो स्वयं सुख पाने की इच्छा रखता है, वह वैर से भरा हुआ मनुष्य वैर से छूट नहीं सकता।

अकतं दुक्कतं सेय्यो पेछा तपति दुक्कनं।
कतं च सुकतं सेय्यो यं कत्वा नानुतप्पति॥ 40॥

(निरय वग्ग)

एक भी पाप न करना उज्ज़म है, क्योंकि बुरा काम करनेवाला बाद में पछताता है। उज्ज़म है सत्कर्म का करना, जिसे करके पछताना नहीं पड़ता।

न जटाहि न गोतेहि न जेचा होति ब्राह्मणों।
यहि सच्चं च धमो च सो सुची सो च ब्राह्मणों॥ 41॥

(ब्राह्मण वग्ग)

ब्राह्मण न तो कोई जटा बढ़ाने से होता है न अमुक गोत्र से और न जन्म से ही; वही पवित्र है और वही ब्राह्मण, जो सत्यवान् एवं धर्मप्रिय है।

वारि पोक्खरपते व आरग्गेरिव सासपो।
योन लिप्पति कामेसु तमहं ब्रमि ब्राह्मण॥ 42॥

(ब्राह्मण वग्ग)

मैं उसे ब्राह्मण कहता हूँ, जो विषय-भोगों में लिप्त नहीं होता; जैसे कमल का पत्ता जल से; और जैसे आरे की नोक पर सरसों नहीं ठहरती।

नामकरण संस्कार—जन्म के बाद शिशु का नामकरण किसी श्रद्धारूप भिक्षु द्वारा किया जाता है।

अन्नप्राशन संस्कार—भिन्न-भिन्न देशों में भिन्न -भिन्न रीति से यह संस्कार किया जाता है।

विवाह-संस्कार—भारत, तिब्बत, श्रीलंका, चीन, जापान, दक्षिण-पूर्व एशिया के बौद्ध धर्मावलंबी अपनी-अपनी परंपरा और परिवेश से प्रभाव ग्रहण करते हुए विवाह की रीतियाँ अपनाते हैं।

भारत में बौद्ध विधि के अनुसार कन्यादान को परस्पर समर्पण कहा जाता है। बौद्ध परंपरा के अनुसार विवाह-मांगल्य के कार्यक्रम आठ चरणों में संपादित होते हैं।

प्रथम चरण में प्रत्येक बौद्ध मांगलिक कार्यक्रम की भाँति पालि भाषा में त्रिशरण एवं पंचशील पाठ। त्रिशरण में बुद्ध, धर्म एवं संघ के प्रति समर्पण की भावना व्यक्त की जाती है। वह इस रूप में तीन बार उच्चरित होती है—

1. बुद्धं शरणं गच्छामि 2. धमं शरणं गच्छामि 3, संघम् शरणं गच्छामि।

द्वितीय चरण में वर-वधू त्रिशरण एवं पंचशील को दोहराते हैं। तीसरे चरण में वर-वधू का संक्षिप्त परिचय देकर घोषित किया जाता है कि दोनों ने परस्पर दांपत्य-जीवन बिताना स्वीकार किया है। इसके बाद दोनों परस्पर परिपूर्ण स्वीकृति के प्रतीक रूप में एक-दूसरे को पुष्पगुच्छ भेंट करते हैं। चतुर्थ एवं पंचम चरण में वर-वधू प्रतिज्ञाएँ दोहराते हैं। षष्ठ चरण में दांपत्य जीवन को सुदृढ़, सुखद एवं सार्थक बनाने के संबंध में कुछ विचार-बिंदु प्रस्तुत किए जाते हैं। सप्तम् चरण में आशीर्वाद के रूप में परित्राण सूत्रों का सस्वर पाठ किया जाता है। अष्टम् चरण समारोह में उपस्थित जन वर-वधू को आशीर्वाद प्रदान करते हैं।

अंत्येष्टि—भिन्न-भिन्न देशों के बौद्ध धर्मावलंबी अपनी-अपनी परंपराओं एवं परिवेश के अनुसार मृतक का अंत्येष्टि-संस्कार करते हैं। इनमें कहीं दाह-संस्कार किया जाता है, कहीं भूमि में शव को समाधि दी जाती है, कहीं शव जल में प्रवाहित किया जाता है और कहीं उसे पशु-पक्षियों के भक्षण के लिए खुले में छोड़ दिया जाता है।

◻

बुद्ध ने कहा–सबका हित करो

एक दिन एक व्यक्ति बुद्ध के पास पहुँचा। वह बहुत अधिक तनाव में था। अनेक प्रश्न उसके दिमाग में घूम-घूमकर उसे परेशान कर रहे थे—जैसे आत्मा क्या है? आदमी मृत्यु के बाद कहाँ जाता है? सृष्टि का निर्माता कौन है? स्वर्ग-नरक की अवधारणा कहाँ तक सच है और ईश्वर है या नहीं? उसे इन प्रश्नों के उत्तर नहीं मिल रहे थे। जब वह बुद्ध के पास पहुँचा तो उसने देखा कि बुद्ध को कई लोग घेरकर बैठे हैं। बुद्ध उन सभी के प्रश्नों व जिज्ञासाओं का समाधान अत्यंत सहज भाव से कर रहे हैं। काफी देर तक यह क्रम चलता रहा, किंतु बुद्ध धैर्यपूर्वक हर एक को संतुष्ट करते रहे। बेचारा व्यक्ति वहाँ का हाल देखकर परेशान हो गया। उसने सोचा कि इन्हें दुनियादारी के मामलों में पड़ने से क्या लाभ? अपना भगवद् भजन करें और बुनियादी समस्याओं से ग्रस्त इन लोगों को भगाएँ, किंतु बुद्ध का व्यवहार देखकर तो ऐसा लग रहा था मानो इन लोगों का दु:ख उनका अपना दु:ख है। आखिर उस व्यक्ति ने पूछ ही लिया, ''महाराज आपको इन सांसारिक बातों से क्या लेना-देना?'' बुद्ध बोले, ''मैं ज्ञानी नहीं हूँ, और इनसान हूँ। वैसे भी वह ज्ञान किस काम का, जो इतना घमंडी और आत्मकेंद्रित हो कि अपने अतिरिक्त दूसरे की चिंता ही न कर सके? ऐसा ज्ञान तो अज्ञान से भी बुरा है।'' बुद्ध की बातें सुनकर व्यक्ति की उलझन दूर हो गई। उस दिन से उसकी सोच व आचरण दोनों बदल गए। कथा का सार यह है कि ज्ञान तभी सार्थक होता है, जब वह लोक कल्याण में संलग्न हो।

बुद्ध ने युवक को सत्संग का महत्त्व समझाया

महात्मा बुद्ध एक गाँव में ठहरे हुए थे। वे प्रतिदिन शाम को वहाँ पर सत्संग करते थे। भक्तों की भीड़ होती थी, क्योंकि उनके प्रवचनों से जीवन को सही दिशा बोध प्राप्त होता था। बुद्ध की वाणी में गजब का जादू था। उनके शब्द श्रोता के दिल में उतर जाते थे।

एक युवक प्रतिदिन बुद्ध का प्रवचन सुनता था। एक दिन जब प्रवचन समाप्त हो गए, तो वह बुद्ध के पास गया और बोला, "महाराज! मैं काफी दिनों से आपके प्रवचन सुन रहा हूँ, किंतु यहाँ से जाने के बाद मैं अपने गृहस्थ जीवन में वैसा सदाचरण नहीं कर पाता, जैसा यहाँ से सुनकर जाता हूँ। इससे सत्संग के महत्त्व पर शंका भी होने लगती है। बताइए, मैं क्या करूँ?" बुद्ध ने युवक को बाँस की एक टोकरी देते हुए उसमें पानी भरकर लाने के लिए कहा। युवक टोकरी में जल भरने में असफल रहा। बुद्ध ने यह कार्य निरंतर जारी रखने के लिए कहा। युवक प्रतिदिन टोकरी में जल भरने का प्रयास करता, किंतु सफल नहीं हो पाता। कुछ दिनों बाद बुद्ध ने उससे पूछा, "इतने दिनों से टोकरी में लगातार जल डालने से क्या टोकरी में कोई फर्क नजर आया?" युवक बोला, "एक फर्क जरूर नजर आया है। पहले टोकरी के साथ मिट्टी जमा होती थी, अब वह साफ दिखाई देती है। कोई गंदगी नहीं दिखाई देती है और इसके छेद पहले जितने बड़े नहीं रह गए, वे बहुत छोटे हो गए हैं।" तब बुद्ध ने उसे समझाया, "यदि इसी

तरह उसे पानी में निरंतर डालते रहोगे तो कुछ ही दिनों में ये छेद फूलकर बंद हो जाएँगे और टोकरी में पानी भर पाओगे। इसी प्रकार जो निरंतर सत्संग करते हैं, उनका मन एक दिन अवश्य निर्मल हो जाता है, अवगुणों के छिद्र भरने लगते हैं और गुणों का जल भरने लगता है।'' युवक ने बुद्ध से अपनी समस्या का समाधान पा लिया। निरंतर सत्संग से दुर्जन भी सज्जन हो जाते हैं, क्योंकि महापुरुषों की पवित्र वाणी उनके मानसिक विकारों को दूर कर उनमें सद्विचारों का आलोक प्रसारित कर देती है।

◻

बुद्ध की शिक्षा से मेहनत सफल हुई

एक आदमी को बुद्ध ने सुझाव दिया कि दूर से पानी लाते हो, क्यों नहीं अपने घर के पास एक कुआँ खोद लेते? हमेशा के लिए पानी की समस्या से छुटकारा मिल जाएगा। सलाह मानकर उस आदमी ने कुआँ खोदना शुरू किया, लेकिन सात-आठ फीट खोदने के बाद उसे पानी तो क्या, गीली मिट्टी का भी चिह्न नहीं मिला। उसने वह जगह छोड़कर दूसरी जगह खुदाई शुरू की, लेकिन दस फीट खोदने के बाद भी उसमें पानी नहीं निकला। उसने फिर तीसरी जगह कुआँ खोदना शुरू किया, लेकिन यहाँ भी उसे निराशा ही हाथ लगी। इस क्रम में उसने आठ-दस फीट के दस कुएँ खोद डाले, लेकिन पानी कहीं नहीं मिला।

वह निराश होकर बुद्ध के पास गया, उसने बुद्ध को बताया कि मैंने दस कुएँ खोद डाले, मगर पानी एक में भी नहीं निकला। बुद्ध को आश्चर्य हुआ। वे स्वयं चलकर उस स्थान पर आए, जहाँ उसने दस गड्ढे खोदे हुए थे। बुद्ध ने उन गड्ढों की गहराई देखी और सारा माजरा समझ गए। फिर वे बोले, "दस कुएँ खोदने की बजाय एक कुएँ में ही तुम अपना सारा परिश्रम लगाते तो पानी कब का मिल गया होता। तुम सब गड्ढों को बंद कर दो, केवल एक को गहरा करते जाओ, पानी निकल आएगा। उसने बुद्ध की बात मानकर ऐसा ही किया, परिणामस्वरूप कुआँ पूर्ण होते ही पानी निकल आया। सबने भगवान बुद्ध की जय-जयकार की।

बुद्ध के ज्ञान से सेठ ने पाया सुख

धन्ना सेठ के पास सात पुश्तों के पालन-पोषण जितना धन था। उसका व्यापार चारों तरफ फैला हुआ था, किंतु फिर भी उसका मन अशांत रहता था। कभी धन की सुरक्षा की चिंता, तो कभी व्यापारिक प्रतिस्पर्द्धा में आगे निकलने का तनाव। चिंता और तनाव के कारण वह अस्वस्थ रहने लगा। उसके मित्र ने उसकी गिरती दशा देखी, तो उसे बुद्ध के पास जाने की सलाह दी। सेठ बुद्ध के पास पहुँचा और अपनी समस्या बताई। बुद्ध ने उसे सांत्वना देते हुए कहा, "तुम घबराओ मत। तुम्हारा कष्ट अवश्य दूर होगा। बस, तुम यहाँ कुछ दिन रहकर प्रभु का ध्यान किया करो।" बुद्ध के कहे अनुसार सेठ ने रोज ध्यान करना शुरू कर दिया, किंतु सेठ का मन ध्यान में नहीं लगा। वह जैसे ही ध्यान करने बैठता, उसका मन फिर अपनी दुनिया में चला जाता। उसने बुद्ध को यह बात बताई, किंतु बुद्ध ने कोई उपाय नहीं बताया। थोड़ी देर बाद जब सेठ बुद्ध के साथ वन में सायंकालीन भ्रमण कर रहा था, तो उसके पैर में एक काँटा चुभ गया। वह दर्द के मारे कराहने लगा। बुद्ध ने कहा, "बेहतर होगा कि तुम जी कड़ा कर काँटे को निकाल दो, तब इस दर्द से मुक्ति मिल जाएगी।" सेठ ने मन कड़ा कर काँटा निकाल दिया। उसे चैन मिल गया। तब बुद्ध ने उसे समझाया, "ऐसे ही लोभ, मोह, क्रोध, घमंड व द्वेष के काँटे तुम्हारे मन में गड़े हैं। जब तक अपने मन की संकल्प शक्ति से उन्हें नहीं निकालोगे, अशांत ही रहोगे।" सेठ का अज्ञान बुद्ध के इन शब्दों से दूर हो गया और उसनी निर्मल हृदय की राह पकड़ ली। अपनी कुप्रवृत्तियों से मुक्ति के लिए संकल्पबद्धता अनिवार्य है। जब तक व्यक्ति दृढ-निश्चय न कर ले, वह अपनी गलत आदतों से मुक्त नहीं हो सकता। □

बुद्ध की शिक्षा से गाँव का उद्धार हुआ

एक युवक ने बुद्ध से आकर कहा, "मेरा गाँव अशिक्षित है। मैं अपने परिवार से झगड़कर थोड़ा-बहुत पढ़ पाया हूँ। आगे और पढ़ना चाहता हूँ, किंतु सभी रोक रहे हैं। घर के लोग सोचते हैं कि खेती में खूब पैसा है और उसके लिए किसी शिक्षा की आवश्यकता नहीं है। यही सोच गाँववालों की भी है। कृपया आप मेरे गाँव चलकर वहाँ शिक्षा का प्रसार करवाइए।" बुद्ध युवक की बात मानकर गाँव आ गए। धर्म भीरु ग्रामीणों ने बुद्ध का सत्कार किया और रोज उनके प्रवचन सुनने आने लगे। बुद्ध जब भी शिक्षा का महज़्व बताते, ग्रामीण विरोधी मत रखते। एक दिन एक महिला अपने पाँच साल के बच्चे के लिए पूछने लगी कि उसे किस उम्र से शिक्षा दिलवाएँ? तब बुद्ध ने समझाया कि तुझें तो पाँच वर्ष पूर्व उसकी शिक्षा शुरू कर देनी थी। उसे क्या खाना है, क्या नहीं, कैसे व क्या बोलना है आदि बातें शुरू से सिखाओगी, तभी तो वह अपना उचित ख़याल रख सकेगा। बुद्ध की यह बात महिला सहित सभी ग्रामीणों को समझ में आ गई। उन्होंने अपने बच्चों को विद्यालय भेजना शुरू किया। यह समय वर्षा का था। युवक ने लोगों को जल संग्रहण की तकनीक बताई। अधिकांश ने उपहास किया, किंतु युवक अपना काम करता रहा। बुद्ध का सहयोग प्राप्त था, इसलिए किसी ने उसका खुलकर विरोध नहीं किया। जब गरमी में भीषण जलसंकट के कारण फसलें सूखने लगीं, तो युवक ने कुएँ खुदवाए, जिनमें जल संग्रहण की तकनीक के कारण खूब पानी निकला। ग्रामीण अब शिक्षा का महज़्व समझ चुके थे। धीरे-धीरे संपूर्ण गाँव शिक्षित हो गया। ज्ञान हर उम्र में अर्जित किया जा सकता है। यही ज्ञान हमें जीवन में आने वाली समस्याओं के समाधान की राह सुझाता है। □

महात्मा बुद्ध ने दोनों भाइयों को सुधारा

एक गाँव में दो भाई रहते थे, जो अपनी शैतानियों के लिए कुख्यात थे। उन्हें दूसरों को परेशान करने में बड़ा आनंद आता था। वे हर समय किसी-न-किसी को परेशान करने में लगे रहते थे। गाँव के लोगों के साथ-साथ उनके माता-पिता भी उनकी ऐसी हरकतों के कारण बहुत दु:खी थे। जब गाँव का कोई व्यक्ति उनके माता-पिता के पास उनकी शिकायत लेकर आता तो वे दोनों को बहुत समझाते, किंतु दोनों भाइयों के कानों पर जूँ तक नहीं रेंगती। एक दिन उनकी माँ गाँव में आए हुए महात्मा बुद्ध के पास गई और अपने बच्चों में किसी भी तरह ईश्वर का भय भर देने का आग्रह किया, ताकि वे लोग शैतानी से बाज आएँ। महात्मा बुद्ध ने माँ से दोनों को एक-एक करके उनके पास भेजने को कहा। माँ ने अपने पहले लड़के को महात्मा बुद्ध के पास भेजा। वह जाकर महात्मा बुद्ध के पास बैठ गया। महात्मा बुद्ध ने उससे पूछा, "ईश्वर कहाँ है?" लड़के की कुछ समझ में नहीं आया और उसने कोई उज़्र नहीं दिया। तब महात्मा बुद्ध ने दोबारा यही सवाल कड़ककर पूछा तो डर के मारे लड़का वहाँ से तेजी से भागा और भागते हुए अपने भाई के पास जा पहुँचा तथा बोला, "भाई, तुझे पता है, ईश्वर खो गया है और सब लोग इसके लिए हमें ही जिम्मेदार समझ रहे हैं।" छोटा भाई भी इतना बड़ा आरोप सुनकर डर गया और उस दिन से दोनों ने शैतानी करना छोड़ दिया। कथा का सार यह है कि जब सीधे मार्ग से सुधार की राह न मिले तो टेढ़े मार्ग का सहारा लेना ही सर्वथा उचित है।

सेठ ने बुद्ध से जाना सच्चा संपन्न होना

एक सेठ निःसंतान था। अपार संपज़ि का मालिक होने के बावजूद सेठ का लोभ बरकरार था। संतान न होने का दुःख उसे बहुत था और इस कारण वह न जाने कितने फकीर, बाबा और पंडितों के दर पर माथा टेक चुका था, किंतु नतीजा शून्य रहा। एक बार सेठ के नगर में बुद्ध का आगमन हुआ। सेठ ने उनकी बहुत ज़्याति सुनी तो अगले ही दिन उनसे मिलने पहुँचा। बुद्ध को अपनी निःसंतानता के विषय में बताया तो उन्होंने सेठ के सिर पर हाथ रखकर हार्दिक आशीर्वाद दिया। संयोग की बात कि कुछ ही समय बाद सेठ को संतान सुख प्राप्त हो गया। वह बुद्ध के प्रति आभार भाव से भर उठा। सोचने लगा कि बुद्ध के प्रति उपकार कैसे जताए? विचार करने के उपरांत उसने एक बक्से में बेशकीमती हीरे-जवाहरात रखे और बुद्ध के पास पहुँचा। बुद्ध को प्रणाम निवेदित कर सेठ बोला, ''महाराज! आपकी कृपा से मुझे संतान का मुख देखने को मिला, मैं आपके लिए कुछ करना चाहता हूँ। सो, यह तुच्छ भेंट लाया हूँ।'' बुद्ध ने हीरे-जवाहरात देखते ही अस्वीकार कर दिए। उन्होंने कहा, ''मेरे लिए धन व्यर्थ है, इसे तुम ही रखो।'' जब सेठ अधिक आग्रही हुआ तो बुद्ध बोले, ''मैं निर्धनों से दान नहीं लेता।'' आश्चर्यचकित सेठ ने कहा, ''पर मैं तो निर्धन नहीं हूँ। अपार धन-संपज़ि मेरे पास है। मेरी तिजोरियाँ सोने-चाँदी, गहनों व जवाहरातों से भरी हुई हैं। रात-दिन परिश्रम कर मैं इस संपज़ि को दिन-दूनी रात-चौगुनी कर रहा हूँ। फिर मैं निर्धन कैसे हूँ?'' तब बुद्ध ने समझाया, ''इसका आशय यह है कि तुम अपनी वर्तमान संपज़ि से तृप्त

नहीं हो और अतृप्त व्यक्ति निर्धन ही तो होता है, क्योंकि सच्चा संपन्न तो वह है, जो तृप्त हो।'' बुद्ध की बातों ने सेठ की आँखें खोल दीं। संतोष सबसे बड़ा धन और संतोषी सर्वाधिक धनी होता है, क्योंकि इच्छाओं का अंत निर्लिप्तता की परम सुखमय अवस्था को लाता है।

☐

राजकुमार ने जानी कर्म की महत्ता

एक राजा ने अपने पुरुषार्थ से राज्य को समृद्ध बना दिया था। राज्य में प्रजा बड़ी सुखी थी, क्योंकि वह प्रत्येक वर्ग के हितों को ध्यान में रखकर काम करता था। जब राजा वृद्ध हुआ तो उसे योग्य उज़राधिकारी की चिंता सताने लगी, क्योंकि उसे लगता कि योग्य उज़राधिकारी के बिना सुव्यवस्था, अव्यवस्था में बदल जाएगी और प्रजा की परेशानी बढ़ जाएगी। हालाँकि राजा का एक बेटा था, किंतु वह अत्यधिक आलसी और कर्महीन था। वह स्वयं को मालिक समझता और शेष सभी को अपना गुलाम। यह अहंकार उसके आचरण में सदैव झलकता था। राजा उसे सुधारने के उद्देश्य से बुद्ध के आश्रम में छोड़ आया। बुद्ध ने अगले ही दिन राजकुमार को आदेश दिया, ''वत्स! यहाँ से पाँच कोस पर एक जंगल है। तुम वहाँ जाकर फूलों के कुछ पौधे ले आओ और उन्हें आश्रम के अहाते में लगा दो।'' यह सुनते ही राजकुमार को बड़ा क्रोध आया, क्योंकि उसने तो आदेश देना ही सीखा था। चूँकि उसके पिता ने बुद्ध की बात मानने को कहा था, इसलिए वह मन मारकर जंगल गया और फूलों के पौधे लाकर आश्रम में लगा दिए। राजकुमार ने उन्हें सींचा और जानवरों से बचाने के लिए उनकी रात-दिन रखवाली की। कुछ महीनों में सारा आश्रम भाँति-भाँति के सुंदर फूलों से खिल उठा। राजकुमार अपनी मेहनत का ऐसा फल देखकर बहुत प्रसन्न हुआ। बुद्ध ने उसे शाबाशी देते हुए समझाया, ''वत्स! याद रखो, जो सोता है, उसका भाग्य भी सो जाता है और जो चलता है, उसका भाग्य निरंतर उसके साथ चलता है।'' अब राजकुमार कर्मठ बन चुका था। राजा को अपना योग्य उज़राधिकारी मिल गया था। कर्म, सफलता की कुंजी है। अत: सदैव कर्मरत रहना चाहिए। □

परमात्मा समभाव में घटी अनुभूति

एक दिन एक शिक्षित युवक बुद्ध के पास आया। उसने बुद्ध को प्रणाम कर अपनी जिज्ञासा रखी, "गुरुजी! आप ईश्वर की बात करते हैं। क्या आपने ईश्वर के दर्शन किए हैं, जो आप साधिकार इस विषय पर इतना कुछ कह पाते हैं?"

बुद्ध ने कुछ नहीं कहा और स्नेहपूर्वक उसके सिर पर हाथ फेर दिया। युवक ने समझा कि बुद्ध के पास मेरे प्रश्न का उज़र नहीं है। फिर उन्होंने कहा, "आओ, हम कुछ देर यहाँ के बगीचे में घूमें।" बगीचे में गुलाब और रजनीगंधा के सुगंधित फूल लगे थे। युवक बोला, "गुरुजी! इन फूलों की सुगंध से सारा वातावरण महक रहा है।" बुद्ध ने कहा, "वत्स! तुम ठीक कहते हो, किंतु एक बात बताओ कि यह सुगंध तुझें दिखाई दे रही है?" युवक बोला, "जी, नहीं। सुगंध तो अनुभव की जाती है।" तब बुद्ध ने कहा, "बस, यही तुझारे प्रश्न का उज़र है। तुझारे शरीर में जब कभी कहीं चोट लगती है, तो दर्द होता है। क्या इस दर्द को तुम देख सकते हो?" युवक बोला, "नहीं, वह भी अनुभूत ही होता है।" बुद्ध ने अंतिम रूप से युवक का समाधान करते हुए कहा, "आत्मा और परमात्मा के साथ भी यही बात है। आत्मा को परमात्मा की अनुभूति के द्वारा उसका साक्षात्कार होता है, न कि स्थूल नेत्रों से।" युवक अब पूर्णतः संतुष्ट था। बुद्ध का आभार मानते हुए वह चला गया। परमात्मा सदैव अनुभूति के स्तर पर ही घटता है और यह घटना तब होती है, जब मन पूर्णतः निर्लिप्त तथा समभाव को प्राप्त हो चुका हो।

बुद्ध ने बताया शांति पाने का उपाय

महात्मा बुद्ध नदी के किनारे एकांत में अपनी कुटिया में रहते थे। उन्होंने कुटिया के चारों ओर हरे-भरे वृक्ष लगा रखे थे, जिन पर सुबह-शाम पक्षियों का कलरव गूँजता रहता था। प्रकृति का यह मधुर-सान्निध्य महात्मा बुद्ध को सदैव आनंदित रखता था। पक्षी और पेड़-पौधे तो मानो उनका परिवार ही बन गए थे। एक दिन महात्मा बुद्ध प्रात:कालीन उठे ही थे कि द्वार पर उन्हें एक सेठजी खड़े नजर आए। उन्हें चिंताग्रस्त देख महात्मा बुद्ध ने उनसे समस्या जाननी चाही। सेठजी बोले, ''महाराज! मेरे पास विशाल संपदा है, भरा-पूरा परिवार है और मुझे कोई रोग भी नहीं है। फिर भी मुझे नींद नहीं आती, रातभर करवटें ही बदलता रहता हूँ।''
महात्मा बुद्ध ने आत्मीयता से सेठजी के सिर पर हाथ फेरकर कहा, ''सेठ! तुझारे पास सब कुछ भले ही हो, किंतु वह नहीं है, जो नींद के लिए आवश्यक है।'' सेठ ने पूछा, ''वह क्या है, महाराज?'' महात्मा बुद्ध बोले, ''तुम चारों ओर चिंताओं से घिरे हो। धन-संपत्ति की चिंता, व्यापार-व्यवसाय की चिंता, परिवार की चिंता। स्मरण रखो कि चिंता-चैन में शत्रुता है।'' सेठ ने इससे बचने का उपाय पूछा तो उन्होंने कहा, ''तुम प्रकृति से शिक्षा ग्रहण करो। पेड़-पौधे, फूल, पानी और प्रकाश के रूप में उसकी अनंत संपदा चारों ओर बिखरी हुई है, किंतु वह चिंतामुक्त है। अपनी इस दौलत को पूरी दुनिया पर दोनों हाथों से सतत लुटाती रहती है। तुम यदि उससे प्रेरणा लेकर अपना जीवन भी उसके अनुरूप बना लोगे तो

तुज्हें न केवल नींद आएगी, बल्कि अतीव शांति महसूस होगी।'' सेठ ने महात्मा बुद्ध की बात का मर्म समझा और लोक कल्याण की राह पर चल पड़ा। धन और ज्ञान देने से बढ़ते ही हैं। इसलिए इनके संग्रह के साथ-साथ इनके दान की वृज्ञि भी रखनी चाहिए।

☐

दान में नहीं होना चाहिए अहंकार

एक अमीर आदमी था। वह निर्धनों व असहायों को पर्याप्त दान देता था, लेकिन जितना वह देता, उससे अधिक उसका बखान करता। इस कारण लेने वाले के दिल पर उसके अहसान का भार हो जाता था।

एक दिन वह बुद्ध के पास मिलने गया। बुद्ध के सामने भी वह काफी देर तक आत्म प्रशंसा करता रहा। फिर उठते समय उसने अपने सहायक को संकेत किया। उसने तत्काल आगे बढ़कर बुद्ध के समक्ष रुपए से भरी थैली रख दी। बुद्ध ने अमीर की ओर प्रश्न सूचक दृष्टि से देखा, तो वह बोला, ''पैसे की कमी के कारण आप अनेक कल्याणकारी कार्य कर नहीं पाते होंगे। मैंने सोचा कि आपकी कुछ मदद कर दूँ।'' बुद्ध ने अमीर की बनावटी विनम्रता में छिपे अहंकार को समझकर कहा, ''मुझे आपके धन की नहीं, आपकी आवश्यकता है।'' अमीर के लिए यह पहला अनुभव था जब किसी ने उसके दान को ठुकराया हो। उसे बुद्ध के व्यवहार पर हैरानी भी हुई और बुरा भी लगा। उसने कहा, ''महात्मन्! आपने तो मेरे दान को व्यर्थ समझकर अस्वीकार कर दिया। ऐसा क्यों?'' उसकी बात सुनकर बुद्ध मुसकराए। फिर स्नेह से उसे समझाकर बोले, ''सेठ! जिस दान के साथ दाता स्वयं को नहीं देता वह मिट्टी के बराबर होता है। दान से आशय है—सम-विभाजन। दूसरे का हिस्सा अतिरिक्त धन के रूप में तुम्हारे पास है, वही तुम दान के रूप में लौटा रहे हो। फिर इसमें 'मैंने दिया' का अहंकार होना ही नहीं चाहिए। तुम जब इस भाव से दोगे, तो मैं अवश्य लूँगा।'' बुद्ध की गहरी बातों ने अमीर का जमीर जाग्रत् कर दिया, और उसने स्वयं की सोच में आवश्यक सुधार किया।

अशोक सिद्ध हुए सच्चे उत्तराधिकारी

मौर्य सम्राट् बिंदुसार अपने बड़े पुत्र को राजगद्दी का उज़राधिकारी नहीं बनाना चाहते थे। उनकी इच्छा थी कि उनके सभी पुत्रों की योग्यता की परीक्षा ली जाए और जो शत-प्रतिशत इस परीक्षा में खरा उतरे, उसे उनका उज़राधिकारी बनाया जाए। उनके परिजन और राज्य के अधिकारी उनसे सहमत थे। बहुत विचार-विमर्श के बाद सम्राट् बिंदुसार ने महात्मा पिंगलवत्सजीव को यह दायित्व सौंपा कि वे उनके सभी पुत्रों को परख कर उज़राधिकारी तय करें। पिंगलवत्सजीव ने सभी राजकुमारों को एक निश्चित दिन तय कर अपने पास बुलाया। सभी राजकुमार पिंगलवत्सजीव के पास पहुँचे। अशोक को छोड़कर शेष सारे राजकुमार अतिरिक्त रूप से सज-सँवरकर, महात्मा पिंगलवत्सजीव के सामने उपस्थित हुए। अशोक नितांत साधारण वेशभूषा में था। पिंगलवत्सजीव ने अलग-अलग सभी को बुलाया और सभी से एक ही प्रश्न पूछा, ''तुमने क्या-क्या पढ़ा-सीखा है?'' सभी ने राजसी अहंकार के साथ विविध विधाओं में अपनी दक्षता का बखान किया, किंतु अशोक ने विनम्रता से कहा, 'भगवन्! वैसे तो मैंने बहुत कुछ पढ़ा है, लेकिन सबका सार यही पाया है कि दीन दु:खियों की सेवा और बड़ों का आदर-सत्कार करना हमारा मूल धर्म है। मैंने तय किया है कि सदा इस धर्म का पालन करूँगा। यही मेरे जीवन का उद्देश्य है।'' अशोक का उज़र सुनकर पिंगलवत्सजीव ने उसे उज़राधिकारी घोषित कर दिया और भविष्य में सम्राट् अशोक ने अपने सत्कर्मों से उनके निर्णय

को सही साबित कर दिया। सच्ची शिक्षा वह है, जो मानवीय धर्म सिखाए और सच्चा शिक्षित वही है, जो इस धर्म को अपनी वाणी व आचरण में समूचा उतारकर अपने मानव होने को सिद्ध करे। आगे चलकर सम्राट् अशोक ने बौद्ध धर्म अपनाया और वे भिक्षु बन गए।

☐

ज्ञान की सार्थकता

एक व्यक्ति बुद्ध के पास गया और बोला कि गुरुदेव मुझे जीवन के सत्य का पूर्ण ज्ञान है, फिर भी मेरा मन किसी काम में नहीं लगता। इस अस्थिरता का क्या कारण हैं? बुद्ध ने उसे रात तक इंतजार करने के लिए कहा। रात होने पर वे उसे झील के पास ले गए और झील में चाँद का प्रतिबिंब दिखाकर बोले कि एक चाँद आकाश में और एक झील में, तुझारा मन इस झील की तरह है। तुझारे पास ज्ञान तो है, लेकिन तुम उसे इस्तेमाल करने की बजाय मन में लेकर बैठे हो, ठीक वैसे जैसे झील चाँद का प्रतिबिंब लेकर बैठी है। तुझारा ज्ञान तभी सार्थक होगा, जब तुम उसे व्यवहार में एकाग्रता व संयम के साथ अपनाने की कोशिश करो। झील का चाँद तो भ्रम है, तुझें अपने काम में मन लगाने के लिए आकाश के चंद्रमा की तरह बनना है, झील का चाँद तो पानी में पत्थर गिराने पर हिलने लगता है, जैसे तुझारा मन जरा-जरा-सी बात पर डोलने लगता है। तुझें अपने ज्ञान और विवेक को जीवन में नियमपूर्वक लाना होगा तथा अपने जीवन को सार्थक एवं लक्ष्य हासिल करने में लगाना होगा। खुद को आकाश के चाँद के बराबर बनाओ। शुरू में थोड़ी परेशानी आएगी, पर कुछ समय बाद ही तुझें दूसरी आहट हो जाएगी। उस व्यक्ति की समस्या दूर हो गई। वह बहुत प्रसन्न हुआ। उसने महात्मा बुद्ध के चरण स्पर्श करते हुए कृतज्ञता व्यक्ति की।

सम्यक्-ज्ञान

1. मोह से भरा हुआ संसार एक सपने की तरह है, यह तब तक ही सच लगता है, जब तक आप अज्ञान की नींद में सो रहे होते हैं। जब नींद खुलती है तो इसकी कोई सज़ा नहीं रह जाती है।

2. जिस तरह एक प्रज्वलित दीपक को चमकने के लिए दीपक की जरूरत नहीं होती है। उसी तरह आत्मा, जो खुद ज्ञान स्वरूप है, उसे और किसी ज्ञान की आवश्यकता नहीं होती है, अपने खुद के ज्ञान के लिए।

3. तीर्थ करने के लिए कहीं जाने की जरूरत नहीं है। सबसे अच्छा और बड़ा तीर्थ आपका अपना मन है, जिसे विशेष रूप से शुद्ध किया गया हो।

4. जब मन में सच जानने की जिज्ञासा पैदा हो जाए, तो दुनियावी चीजें अर्थहीन लगती हैं।

5. हर व्यक्ति को यह समझना चाहिए कि आत्मा एक राजा के समान होता है जो शरीर, इंद्रियों, मन, बुद्धि से बिल्कुल अलग होता है। आत्मा इन सबका साक्षी स्वरूप है।

6. अज्ञान के कारण आत्मा सीमित लगता है, लेकिन जब अज्ञान का अँधेरा मिट जाता है, तब आत्मा के वास्तविक स्वरूप का ज्ञान हो जाता है, जैसे बादलों के हट जाने पर सूर्य दिखाई देने लगता है।

7. धर्म की किताबें पढ़ने का उस वक्त तक कोई मतलब नहीं, जब तक आप सच का पता न लगा पाएँ। उसी तरह से अगर आप सच

जानते हैं तो धर्मग्रंथ पढ़ने की कोई जरूरत नहीं है। सत्य की राह पर चलें।

8. आनंद तभी मिलता है, जब आनंद की तलाश नहीं कर रहे होते हैं।
9. एक सच यह भी है कि लोग आपको उसी वक्त तक याद करते हैं जब तक साँस चलती है। साँस के रुकते ही सबसे करीबी रिश्तेदार, दोस्त, यहाँ तक की पत्नी भी दूर चली जाती है।
10. आत्मसंयम क्या है? आँखों को दुनियावी चीजों की ओर आकर्षित न होने देना और बाहरी ताकतों को खुद से दूर रखना।
11. सत्य की कोई भाषा नहीं है। भाषा सिर्फ मनुष्य का निर्माण है, लेकिन सत्य मनुष्य का निर्माण नहीं, आविष्कार है। सत्य को बनाना या प्रमाणित नहीं करना पड़ता, सिर्फ उघाड़ना पड़ता है।
12. सत्य की परिभाषा क्या है? सत्य की इतनी ही परिभाषा है कि जो सदा था, जो सदा है और जो सदा रहेगा।

□

मौन रहने का महत्त्व

कथा सिद्धार्थ के जीवन के उस दौर की है, जब वे बुद्धत्व को प्राप्त नहीं हुए थे और निरंजना नदी के तटीय वनों में वृक्ष के नीचे ध्यान करते थे। सिद्धार्थ प्रतिदिन ध्यान करने के बाद पास के किसी गाँव में चले जाते और भिक्षा माँगकर लौट आते। कुछ दिनों बाद उन्होंने भिक्षाटन पर जाना बंद कर दिया, क्योंकि एक गाँव के प्रधान की छोटी बेटी सुजाता उनके लिए नित्य भोजन लाने लगी। सिद्धार्थ को वह बड़े स्नेह से भोजन कराती थी। कुछ दिनों बाद उसी गाँव का एक चरवाहा भी सिद्धार्थ से प्रभावित होकर उनके पास आने लगा। उसका नाम स्वस्ति था। एक दिन स्वस्ति से सिद्धार्थ बातें कर रहे थे कि सुजाता भोजन लेकर आई। जैसे ही सिद्धार्थ ने भोजन करना शुरू किया, उन्होंने बातचीत बंद कर दी। जितनी देर तक वे भोजन करते रहे, बिल्कुल चुप रहे और वहाँ सन्नाटा छाया रहा। स्वस्ति को हैरानी हुई। उसने सिद्धार्थ के भोजन करने के उपरांत उनसे पूछा, ''गुरुदेव! आप मेरे आने के बाद निरंतर वार्तालाप करते रहे, किंतु भोजन के समय एक शब्द भी नहीं बोले। इसका क्या कारण है?'' सिद्धार्थ बोले, ''भोजन का निर्माण बड़ी कठिनाई से होता है। किसान पहले बीज बोता है, फिर पौधों की रखवाली करता है और तब कहीं जाकर अनाज पैदा होता है। फिर घर की महिलाएँ उसे बड़े जतन से खाने योग्य बनाती हैं। इतनी कठिनाई से तैयार भोजन का पूरा आनंद तभी संभव है, जब हम पूर्णत: मौन हों। अत: भोजन के दौरान मैं मौन रहकर उसका पूरा स्वाद लेता हूँ।'' वस्तुत: शांति से किया गया भोजन न केवल शारीरिक भूख को तृप्त करता है, बल्कि मानसिक आनंद और सात्विक ऊर्जा भी देता है।

बुद्ध ने संयम सिखाया

बुद्ध के पास उनका एक शिष्य आया और बौखलाए स्वर में बोला, "जर्मींदार राम सिंह ने मेरा अपमान किया है। आप अभी चलें। उसे सबक सिखाना होगा।" बुद्ध बोले, "प्रियवर, सच्चे बौद्ध का अपमान करने की शक्ति किसी में नहीं होती। तुम इस बात को भुला दो। जब प्रसंग भुला दोगे तो अपमान कहाँ बचा रहेगा।" शिष्य ने कहा, "उसने आपके प्रति भी अपशज्दों को प्रयोग किया था। आप चलिए तो सही। आपको देखते ही वह शर्मिंदा हो जाएगा और क्षमा माँग लेगा। इससे मैं संतुष्ट हो जाऊँगा।" बुद्ध कुछ विचार कर बोले, "अच्छा यदि ऐसी बात है तो मैं अवश्य ही रामजी के पास चलकर उसे समझाने का प्रयास करूँगा।" शिष्य ने आतुर होकर कहा, "चलिए, नहीं तो रात घिर आएगी।" बुद्ध ने कहा, "रात घिरेगी तो क्या! रात के पश्चात्, दिन भी तो आएगा। यदि तुम वहाँ चलना आवश्यक ही समझते हो तो मुझे कल याद दिलाना। कल चलेंगे।" दूसरे दिन बात आई—गई हो गई। शिष्य अपने काम में लग गया और बुद्ध अपनी साधना में लीन हो गए। दोपहर होने पर शिष्य से पूछा, "आज रामजी के पास चलना है?" शिष्य ने कहा कि नहीं, मैंने जब घटना पर फिर से विचार किया तो मुझे इस बात का आभास हुआ कि भूल मेरी ही थी। अब रामजी के पास चलने की कोई जरूरत नहीं है। बुद्ध ने मुसकराकर कहा, "अगर हम तुरंत प्रतिक्रिया देने से बचें तो हमारे भीतर की कटुता समाप्त हो जाती है।" शिष्य बुद्ध का आशय समझ उनके प्रति नतमस्तक हो गया।

सत्य की प्राप्ति में ही स्थायी सुख है

बौद्ध भिक्षु बोधीधर्म जब बौद्ध धर्म को भारत से चीन, जापान और पूर्वी एशिया के अन्य देशों में ले गए तो बौद्ध धर्म की झेन शाखा विकसित हुई। इसमें कथाओं के माध्यम से चेतना का विस्तार कर बद्धत्व की प्राप्ति के काबिल बनाया जाता है। ऐसी ही एक झेन कथा है कि एक व्यक्ति घने जंगल से गुजर रहा था। अचानक सामने एक भयानक शेर आ गया। हड़बड़ाकर वह उलटी दिशा में भागने लगा और जल्दी ही एक सैकड़ों फीट गहरी खाई के किनारे पहुँच गया। तभी उसे खाई में एक लंबी बेल लटकती नजर आई। उसे उम्मीद जगी कि बेल पर लटककर नीचे उतरने की कोई राह निकल आएगी। वह बेल पकड़कर लटकने लगा। तब तक खाई के कगार पर पहुँच चुका शेर उसे देखकर दहाड़ने लगा। तभी उसकी निगाह नीचे गई तो देखा कि नीचे खाई में एक अजगर मुँह फाड़े उसका इंतजार कर रहा है। तभी उसने देखा कि न जाने कहाँ से दो चूहे आकर बेल कुतरने लगे। एक चूहा सफेद और एक काला था। इस संकट के बीच उसे बेल में एक लाल और रसभरा चेरी की तरह का फल दिखा। उसने फल को मुँह में रखा और कहा कि कितना मीठा और अद्भुत फल है। शेर भूतकाल के कर्मों का प्रतीक है, जो हमारा पीछा करते हैं। साँप बुढ़ापे व बीमारियों का प्रतीक है। खाई में लटकती बेल वर्तमान है। भूत व भविष्य के खतरों के बीच हम वर्तमान में वजूद बनाए हुए हैं और जंगली फल सांसारिक अस्थायी आनंद का प्रतीक है। दो चूहे दिन और रात का

प्रतीक हैं, जो लगातार उम्ररूपी वर्तमान की बेल काट रहे हैं। ऐसे खतरों के बीच रहकर भी मानव भविष्य को सुरक्षित करने के लिए सत्य की प्राप्ति में नहीं लगता और जंगली फल जैसे अस्थायी सुखों की प्राप्ति में खुद को धन्य मानता है।

अशोक के भीतर का इनसान जाग उठा

मगध के सम्राट् अशोक अपने विजय अभियान को कलिंग तक बढ़ा चुके थे। अपने शिविर में विचारमग्न बैठे अशोक को उनके सेनापति जयगुप्त ने आकर कहा, "सम्राट् की जय हो! कलिंग युद्ध में हमारी विजय हुई।"

सेनापति के मुख से यह शुभ समाचार सुनकर सम्राट् अशोक के हर्ष की सीमा न रही। जयगुप्त ने उनसे जाने की आज्ञा ली। वह जाने के लिए पलटा ही था कि बौद्ध भिक्षु से उसका सामना हुआ। भिक्षु ने सम्राट् अशोक से कहा, "महाराज! कलिंग के युद्ध में आपकी विजय नहीं, बल्कि पराजय हुई है।" सम्राट् आश्चर्यचकित हो गए। उन्होंने जयगुप्त को प्रश्नसूचक मुद्रा में देखा तो वे बोले, "मैंने असत्य नहीं कहा, सम्राट्! आपको विजयश्री ही प्राप्त हुई है।"

भिक्षु ने कहा, "सम्राट्! आप मेरे साथ रणभूमि में चलकर देखिए कि हार हुई या जीत?" रणभूमि पहुँचकर उन्होंने चारों ओर व्याप्त रुदन और चीखें सुनीं। भिक्षु बोला, "आपके इस युद्ध ने गाँव उजाड़ दिए। किसी का पति तो किसी का पुत्र मारा गया। कोई अपना भाई खो बैठा है तो कोई अपना पिता।" सम्राट् यह दृश्य देखकर दुःखी हो गए। चारों ओर फैले भयावह मातम के बीच साधु ने पूछा, "आप इसे विजय मानते हैं या पराजय?" अशोक बोले, "आप सच कहते हैं। नरसंहार को देखकर लगता है कि मेरी भीषण पराजय हुई है। सम्राट् तो जीत गया, किंतु इनसान

हार गया। आज से मैं प्रतिज्ञा करता हूँ कि भविष्य में कभी युद्ध नहीं करूँगा।'' उन्होंने भगवान् बुद्ध से दीक्षा लेकर अपना समस्त जीवन मानवता की सेवा हेतु समर्पित कर दिया। विजय स्नेह और उदारता से भी पाई जा सकती है। बलपूर्वक पाई गई जीत क्षणभंगुर होती है।

◻

गौतम बुद्ध ने दी प्रेम में संयम की सीख

एक बार एक व्यक्ति भगवान् बुद्ध के पास आया और उसने बताया कि उसका एकमात्र पुत्र आकस्मिक मृत्यु को प्राप्त हुआ। तभी से उसके शोक में न वह ठीक से सो पाता और न खाता-पीता है। बस, एक ही आशा में उसका जीवन बचा हुआ है कि कहीं से उसका पुत्र फिर से आ जाएगा। उसकी व्यथा सुनकर बुद्ध बोले, ''लगाव से दु:ख ही होता है।'' उस व्यक्ति ने असहमति जताते हुए कहा कि आप गलत कह रहे हैं। लगाव से कष्ट नहीं होता। वह तो प्रसन्नता और आनंद देता है। बुद्ध कुछ और कहते, इसके पहले वह वहाँ से चला गया। यह बात सार्वजनिक बहस बनकर राजा प्रसेनजित तक पहुँची। उन्होंने रानी के समक्ष हुई बातचीत में बुद्ध को गलत ठहराया। रानी बुद्ध की बात का मर्म जानती थीं, इसलिए उन्होंने बुद्ध के द्वारा अपनी बात के समर्थन में सुनाई गईं दो घटनाएँ राजा को बताते हुए कहा, ''महाराज! श्रावस्ती में हाल ही में एक महिला माँ की मृत्यु होने से दु:ख में पागल हो गई। दो प्रेमियों ने लड़की का विवाह किसी ओर से हो जाने पर आत्महत्या कर ली। इससे यही प्रकट होता है कि लगाव से दु:ख होता है। क्या आप राजकुमारी को प्रेम करते हैं?'' राजा चकित होकर बोले, ''अवश्य ही करता हूँ।'' रानी ने प्रश्न किया, ''यदि वह किसी दुर्घटना का शिकार हो जाए तो क्या आपको दु:ख न होगा?'' राजा ने स्वीकार किया कि उन्हें दु:ख होगा। अब वे बुद्ध की बात से पूर्णत: सहमत हुए। वस्तुत: लगाव या प्रेम आनंद देता है, किंतु अनुकूल परिस्थितियों में यह संभव होता है। प्रिय पात्र के अभाव या उसे कष्ट में देख यह प्रेम दु:ख में परिणत होकर तकलीफ देता है। इसलिए अपने प्रेम को संयम की लगाम से कस कर रखें। ◻

गौतम बुद्ध ने दिया एकता का संदेश

गौतम बुद्ध के समय बौद्ध विहारों की व्यवस्था के लिए सूत्राचार्य (भिक्षुओं के वचनों को कंठस्थ करने वाले) एवं शीलाचार्य (भिक्षुओं के लिए निर्धारित पंचशीलों व दशशीलों के विशेषज्ञ आचार्य) होते थे। एक बार गोशिरा विहार के एक सूत्राचार्य हाथ धोने का पात्र साफ करना भूल गए। इस पर एक शीलाचार्य ने आपत्ति जताई। अहंकारवश सूत्राचार्य ने तर्क दिया कि जान-बूझकर पात्र अस्वच्छ नहीं छोड़ा था, अत: दोषी नहीं हूँ। शीलाचार्य ने गलती मानने के लिए जोर दिया तो सभी भिक्षुओं में विवाद छिड़ गया। जब बात बुद्ध तक पहुँची तो उन्होंने दोनों को समझाते हुए कहा कि अपने दृष्टिकोण से बँधने की बजाय दूसरे के दृष्टिकोण को समझकर मध्य मार्ग अपनाना चाहिए ताकि संघ में शांति व एकता रहे। हालाँकि दोनों पक्षों का अहंकार चरम पर था, इसलिए बुद्ध की बात किसी ने नहीं सुनी। तब बुद्ध एकांतवास के लिए रक्षित वन चले गए। जब एक साल, चार महीने बाद बुद्ध लौटे तो उनके प्रिय शिष्य आनंद ने विवाद करने वाले सूत्राचार्य व शीलाचार्य से बात की। तब तक दोनों अपनी गलती मान चुके थे। अत: सूत्राचार्य ने शीलाचार्य को नमनकर कहा, ''मैंने एक शील का उल्लंघन किया है। मुझे क्षमा करें।'' शीलाचार्य ने प्रत्युज़र में कहा, ''मुझमें विनम्रता की कमी थी। मेरा हार्दिक खेद स्वीकार करें।'' तब बुद्ध ने कहा, ''क्रोध और अहंकार से साधना भंग होती है और संघ में विभाजन होता है। स्नेह और एकता से रहेंगे, तो ही

हम लक्ष्य की उपलब्धि कर पाएँगे। इसलिए परिवार हो या संगठन, अहंकार से दूर रहकर निष्पक्ष भाव से संचालन करने पर ही अच्छे परिणाम मिलते हैं। अहंकार से एकता छिन्न-भिन्न हो जाती है।

□

जीवनहंता पराजित हुआ जीवनदाता से

गौतम बुद्ध उन दिनों संन्यासी नहीं हुए थे। उनका नाम सिद्धार्थ था। एक राजकुमार के रूप में सिद्धार्थ तनिक भी अहंकारी नहीं थे। वे सभी से स्नेहपूर्वक मिलते, बातचीत करते। जहाँ किसी को कष्ट में देखते, तत्काल सहायता हेतु तत्पर हो जाते। सिद्धार्थ का चचेरा भाई था— देवदज़। सिद्धार्थ जितने दयालु और करुणावान् थे, देवदज़ उतना ही दुष्ट था। एक दिन दोनों भ्रमण कर रहे थे। देवदज़ के पास धनुष था। अचानक उसे एक पक्षी दिखाई दिया। उसने तत्काल तीर चला दिया। पक्षी घायल होकर सिद्धार्थ की गोद में आ गिरा। सिद्धार्थ ने पक्षी को अपने हाथों में उठाकर पानी पिलाया। उसके घाव पर मरहम लगाया। फिर उसे स्नेह से सहलाने लगे। पक्षी उनके स्नेह व सेवा से स्वस्थ हो गया। तभी देवदज़ ने सिद्धार्थ के पास आकर नाराजगी से कहा, ''यह पक्षी मेरा शिकार है। इसे मुझे दे दो।'' देवदज़ की दुष्टता को देखकर सिद्धार्थ पक्षी देने के लिए राजी नहीं हुए। देवदज़ ने न्यायालय में उनकी शिकायत की। सिद्धार्थ ने न्यायाधीश से निवेदन किया कि मैंने पक्षी के प्राण बचाए, इसलिए वह मेरा है, जबकि देवदज़ का तर्क था कि पक्षी पर निशाना मैंने साधा, इसलिए वह मुझे मिलना चाहिए। न्यायाधीश ने निर्णय लिया कि जो व्यक्ति किसी का जीवन बचाता है, वही उस प्राणी का सच्चा अधिकारी होता है, न कि वह जो उसके जीवन को समाप्त करने का अपराधी होता है, इसलिए यह पक्षी सिद्धार्थ का है। मारने वाले से बचाने वाला बड़ा होता है, क्योंकि

जीवन लेना आसान है और जीवन देना अत्यंत कठिन। वस्तुत: मानवीयता का भी यही तकाजा है और मनुष्य को अपनी इस सबसे महत्त्वपूर्ण पहचान को सुरक्षित रखना चाहिए।

❏

दुनिया के अंत से परमेश्वर का आरंभ

एक युवा एक फकीर के पास पहुँचा और शिष्य बनने की इच्छा व्यक्त की। फकीर ने उसे अपने पास रख लिया। युवा ने कुछ दिन बाद पूछा, ''मैं सत्य की खोज में हूँ। वह कहाँ मिलेगा?'' फकीर बोला, ''सत्य तुम्हें वहाँ मिलेगा, जहाँ दुनिया का अंत होता है।'' युवा फकीर से अनुमति लेकर दुनिया का अंत खोजने के लिए निकल गया। वर्षों तक सफर करने के बाद वह उस गाँव तक पहुँच गया, जिसे दुनिया का अंतिम गाँव माना जाता था। उसने गाँव के लोगों से पूछा कि दुनिया का अंत कितनी दूर है? लोगों ने कहा, ''थोड़ा आगे जाने पर वहाँ एक पत्थर लगा है, जिस पर लिखा है— यहाँ दुनिया समाप्त होती है, किंतु तुम वहाँ मत जाओ। जिस भयावह गड्ढे पर दुनिया समाप्त होती है, वह तुम देख नहीं पाओगे, डर जाओगे।'' वह बोला, ''मुझे उस सत्य को पाना है। अत: मैं वहाँ जाऊँगा।'' जब युवा उस स्थान पर पहुँचा तो वहाँ भयावह शून्य था और गहरे गड्ढे की कोई तलहटी नजर ही नहीं आ रही थी। वह इतना भयभीत हो गया कि मुँह से बोल ही नहीं निकले और फिर जो भागना शुरू किया तो सीधा फकीर के पास ही आकर रुका। फकीर ने उसकी दशा देखकर उससे पूछा, ''तख़्ती के दूसरी ओर क्या लिखा था?'' वह बोला, ''दूसरी ओर तो मैंने देखा ही नहीं, क्योंकि इस तरफ भीषण दृश्य था। मैं डर कर भागा। तब फकीर ने उसे समझाया कि तख़्ती के दूसरी ओर लिखा था, 'यहाँ परमात्मा का आरंभ होता है।' दुनिया खत्म होने से अभिप्राय उसके राग-रंग समान होने से है। जहाँ हम दुनिया के आकर्षणों से दूर होते हैं, वहीं परमात्मा की उपलब्धि हो जाती है, जो परम सत्य है और जिसे तुम पाना चाहते हो। □

बुद्ध ने दिखाया तथागत होने का मार्ग

एक बार भगवान बुद्ध किसी नगर के मार्ग पर पैदल जा रहे थे। उसी मार्ग पर दोण नामक ब्राह्मण सामने से आ रहा था। अचानक बुद्ध को उसी समय बैठकर ध्यान लगाने की इच्छा हुई। वे सड़क के एक ओर उतरकर एक पेड़ के नीचे पद्मासन लगाकर ध्यान मुद्रा में बैठ गए। दोण उन्हें जानता नहीं था, किंतु उनके तेजस्वी व्यक्तित्व ने उसे प्रभावित किया। इसलिए वह बुद्ध से भेंट करने के लिए उनके पास आया। जब उसने बुद्ध को एकाग्रचिज़ देखा, तो वह एक ओर चुपचाप बैठ गया। जब बुद्ध ने आँखें खोलीं तो दोण की ओर प्रश्नसूचक मुद्रा में देखा। दोण ने बुद्ध को प्रणाम कर प्रश्न किया, ''आर्य! क्या आप देवता है ?'' बुद्ध ने धीर-गंभीर स्वर में कहा, ''ब्राह्मण! मैं देवता नहीं हूँ।'' ब्राह्मण ने पूछा, ''क्या आप गंधर्व हैं ?'' बुद्ध ने इनकार में सिर हिलाया। ब्राहाण ने जिज्ञासा व्यक्त की, ''फिर आप यक्ष होंगे ?'' बुद्ध ने इस बार भी हाँ नहीं की। ब्राह्मण का अगला सवाल था कि आप सामान्य आदमी तो हैं ? बुद्ध ने कहा कि नहीं। ब्राह्मण चकरा गया। उसने पूछा, ''फिर आप क्या हैं ?'' बुद्ध बोले, ''मैं पहले निश्चित रूप से देवता, गंधर्व, यक्ष या मानव सबकुछ था, क्योंकि तब मैंने अपने मोह का त्याग नहीं किया था। अब मैं सभी प्रकार के मोह से मुक्त हूँ। जिस प्रकार एक कमल कीचड़ में ही उत्पन्न होता है, उसी में खिलता है, किंतु उससे अलग रहता है, उसी प्रकार मैं भी इस संसार में पैदा हुआ, इसी में बड़ा हुआ, किंतु अब इस संसार को जीतकर इससे असंपृक्त हो गया हूँ। अत: अब तुम मुझे तथागत अर्थात् ज्ञानी व्यक्ति के रूप में जानो।'' निहितार्थ यह है कि ज्ञान, मोह से मुक्ति का सर्वश्रेष्ठ मार्ग है और यह आत्मिक शांति का उज़म साधन है। □

गौतम बुद्ध का ज्ञान

महात्मा गौतम बुद्ध के श्रावस्ती में प्रवचन चल रहे थे। प्रवचन में नित्य ही बड़ी संज़्या में लोग आते और विविध महज़्वपूर्ण व गंभीर विषयों पर बुद्ध से ज्ञान ग्रहण करते। बुद्ध का शिष्य वर्ग भी काफी विशाल था, जो प्रवचन स्थल की व्यवस्था सँभालता और बुद्ध की सेवा में सदैव तत्पर रहता। एक बार रात के समय महात्मा बुद्ध प्रवचन दे रहे थे। सदैव की भाँति काफी लोग उनके प्रवचन सुन रहे थे। एक व्यक्ति जो बुद्ध के ठीक सामने बैठा था, बार-बार नींद के झोंके ले रहा था। बुद्ध थोड़ी देर तक तो प्रवचन देते रहे, फिर उससे बोले, ''वत्स, सो रहे हो?'' उस व्यक्ति ने हड़बड़ाकर कहा, ''नहीं महात्मा।'' बुद्ध ने पुनः प्रवचन प्रारंभ किए। वह व्यक्ति फिर ऊँघने लगा। महात्मा ने फिर वही प्रश्न दोहराया और उसने फिर अचकचाकर नहीं महात्मा कहा। ऐसा लगभग आठ-दस बार हो गया। कुछ देर बाद बुद्ध ने उससे पूछा, ''वत्स जीवित हो?'' हर बार की तरह इस बार भी उसने कहा, ''नहीं महात्मा।'' यह सुनकर उपस्थित श्रोताओं में हँसी की लहर दौड़ गई और वह व्यक्ति पूर्णतः चैतन्य हो गया। तब बुद्ध गंभीर होकर बोले, ''वत्स! निद्रा में तुज़्हारे मुख से सही उज़्र निकल ही गया। जो निद्रा में है, वह मृतक समान ही है।'' महात्मा बुद्ध का संकेत था कि गुरु से ज्ञान ग्रहण करते वक्त सजगता अत्यंत आवश्यक है। गाफिल रहने की स्थिति में ज्ञान की प्राप्ति पूर्ण नहीं होती और अधकचरा ज्ञान सदैव खतरनाक साबित होता है।

□

बुद्ध ने बताया जीवन का सही अर्थ

एक दिन महात्मा बुद्ध के पास तीन युवक आए। वे उनके साथ कुछ दिन रहना चाहते थे। बुद्ध ने प्रश्न किया कि तुम यहाँ क्यों आए हो? पहले ने कहा, ''बस रहने आया हूँ।'' बुद्ध बोले कि रहने में तो कोई परेशानी नहीं है। दूसरे का उज़र था, ''कुछ जानने आया हूँ।'' बुद्ध ने उसे समझाया कुछ जानने के लिए बुद्धि को शुद्ध और मन को समर्पण के योग्य बनाना पड़ेगा। जिसे हम जानना कहते हैं, अधिकांश अवसरों पर वह मात्र जानकारी होती है। यह हमारा भ्रम होता है कि हमने जान लिया। चिज़ को एकाग्र किए बिना जो जाना जाता है, वह परमात्मा न होकर हमारा अहंकर होता है। इससे ऊपर उठकर ही हम परमात्मा को देख सकते हैं। तुम मेरे पास रहो या कहीं और रहो, मन का समर्पण और एकाग्रता का होना बहुत जरूरी है।

फिर बुद्ध ने तीसरे युवक से पूछा तो उसने कहा कि मैं जीने के लिए यहाँ पर आया हूँ। तब बुद्ध ने कहा कि रहना और जानना इन दोनों से ऊपर की स्थिति है— जीना। जीवन बिताना सरल है, किंतु जीना कठिन है। जीवन को जीने के लिए परमात्मा की अनुभूति आवश्यक है।

तीनों युवक बुद्ध की बातों का मर्म जान गए और उनकी बताई राह पर चल पड़े। वस्तुत: स्वयं को परमात्मा का अंश मानकर प्रत्येक कर्म को उन्हें समर्पित करना ही सही अर्थों में जीवन को सही-सही जीना होगा।

◻

भगवान् बुद्ध ने गाँववालों को उपदेश दिया

बुद्ध ने कहा, ''भाग्य के भरोसे बैठने वालो, पुरुषार्थ करो। जीवन में भाग्य का महज्व है, लेकिन भाग्य के भरोसे बैठकर अपने अमूल्य समय को बरबाद मत करो, क्योंकि पुरुषार्थ करने से तो भाग्य की रेखाएँ बदल जाती हैं। भाग्य क्या है ? आज किया गया कर्म ही तुझारा भाग्य बनता है।

कर्म के द्वारा जो बीज बोओगे, फसल भी उसी की मिलेगी। जैसा कर्म तुम आज करोगे, वैसा ही तुझारा भविष्य होगा। सौभाग्य और दुर्भाग्य तुझारे ही हाथ में है। कर्म की प्रधानता को समझना होगा कि जैसा कर्म होगा, वैसा ही फल मिलेगा।

जीवन को सफल बनाने के लिए पाप और पुण्य का बड़ा महज्व है। पूरी सावधानी रखो कि पाप होने न पाए, क्योंकि पाप की सजा जरूर मिलती है। यह जीवन पिछले पापों से छुटकारा पाने के लिए और दूसरे नए पापों से बचने के लिए मिला है और कोशिश करो हमसे पुण्य कर्म हों। तुम अपने जीवन को धर्म के मार्ग पर चलाओ। तुझारे किए हुए पुण्यों से धर्म को शक्ति मिलती है।

यह मानव का जीवन बड़े काम का है। इसे सावधानी पूर्वक जीना चाहिए। अगर तुम गलतियाँ करोगे तो आगे चलकर पशु-पक्षियों वाले कपड़े पहनने पड़ेंगे। संसार के नश्वर-पदार्थों की इच्छा मत करना, क्योंकि

इच्छा का फल बहुत दु:ख देता है।

अच्छे-अच्छे कर्म करो। उन कर्मों को करके अहंकार मत करना। अहंकार के मार्ग में अँधेरा होता है और अँधेरे में ठोकरें लगती हैं। संसार दु:खालय है अर्थात् दु:खों से भरा हुआ है। संसार से प्रेम मत करना, बल्कि अपने मन से पापों को बाहर निकालो और सदा सावधान रहो कि कोई पाप न होने पाए।

मनुष्य का जीवन मिला है तो इसको सावधानीपूर्वक व्यतीत करना। अपने जीवन में आलस्य को आने मत देना, क्योंकि यह जीवन बहुत अनमोल है। पशुओं से पूछो कि मनुष्य जीवन का क्या महत्त्व है? पशुओं के जीवन में तो लेश-मात्र भी सुख नहीं है। वे सोचते हैं कि हम कब मनुष्य बनेंगे? सरदी में रजाई और गरमी में पंखा होगा। कब हम परोपकार करके अपना जीवन सफल बनाएँगे।

जो मनुष्य हैं, वे अपनी मानवता को सँभालकर रख नहीं पा रहे हैं, बल्कि संसार के सुखों की अँधी-दौड़ में दौड़ रहे हैं। वे नहीं जान पा रहे हैं कि हमारी मृत्यु हमारे पीछे-पीछे आ रही है।

मानव-जीवन पाया है, बहुत अच्छी बात है। अच्छे-अच्छे कर्म करो ताकि मन पवित्र हो जाए, क्योंकि पवित्र-मन ही आत्मा को पा सकता है। अपने मन को शरीर में ही फँसाकर मत रखो, क्योंकि शरीर आज है, कल रहेगा या नहीं, यह किसी को भी मालूम नहीं है।

शरीर आज नहीं तो कल मिटेगा, किंतु आत्मा सदा अमर है। शरीर की आयु कुछ वर्षों की है, परंतु आत्मा अनंत है। वह तीनों कालों में है। आत्मा पहले भी था, अब भी है और बाद में भी रहेगा। वह शाश्वत है, सनातन है, सूक्ष्म से भी सूक्ष्म है। संसार की सारी शक्तियाँ उसी से सजा पाती हैं।

तुम मनुष्य बने हो। विचार करो कि तुम कौन हो? जब तक यह समझ में नहीं आएगा कि तुम कौन हो? तब तक तुम भटकते रहोगे। जब तक तुम

अपनी भूल में सुधार नहीं करोगे, तब तक तुम शांति को प्राप्त नहीं कर सकते। शांति को पाना है तो मन को पवित्र करके आत्मा का अनुभव कर लो।

आत्मा में ही अनंत-विश्राम है। यह शरीर कुछ समय के लिए मिला है। वास्तव में तुम आत्मा हो। तुज़्हारा शरीर जिससे शक्ति पा रहा है, वह आत्मा ही है और वही आत्मा तुज़्हारे शरीर में मौजूद है। आत्मा को जानना, आत्मा को समझना, आत्मा को पाना, आत्मा का अनुभव करना और आत्मा का साक्षात्कार करना यह सब मनुष्य शरीर के द्वारा ही संभव है। बस तुम सावधान हो जाओ कि मन में कोई गलत-विचार आने न पाए। पहले मन में गलत-विचार आता है, फिर वह विचार बलवान होने पर गलत कर्म करवा देता है। गलत कर्म का मतलब है, पाप का जन्म हो जाना।बुद्ध ने कहा कि तुज़्हारे जीवन के साथ-साथ काल भी दौड़ रहा है। बचपन और यौवन कब निकल जाएँगे, पता भी नहीं चलेगा। शरीर भी अनेक रोगों से घिरा रहता है। इस शरीर की शारीरिक और मानसिक दोनों प्रकार के रोगों से रक्षा करनी पड़ती है। रोग और भोग दोनों शरीर को निर्बल करते रहते हैं।

रोगी और भोगी दोनों को ज्ञान अच्छा नहीं लगता। जिनका तन और मन स्वस्थ नहीं होता, वे परमार्थ का लाभ नहीं उठा पाते। मनुष्य को चाहिए कि वह अपनी आयु रूपी संपदा का पूरा-पूरा लाभ उठाए। अगर मनुष्य चाहे तो अपने जीवन में अच्छे-अच्छे कर्म करके श्रेष्ठ प्रगति कर सकता है।

जीवन में संयम को धारण करें। व्यर्थ की कामनाओं का त्याग करें। ज्ञान का दीपक जलाकर कामनाओं का विसर्जन करें। क्रोध को आग समझकर उससे सदा दूर रहना चाहिए। सदा ज्ञान-गंगा का संग करो, क्योंकि शुभ-विचार ही समस्त समस्याओं का समाधान है।

बुद्ध ने कहा कि अपने जीवन से सदा लोभ को दूर रखो, क्योंकि तुज़्हारे बूढ़े होने पर भी लोभ बूढ़ा नहीं हो पाता और लोभ सदा भूखा ही रहता है, उसका पेट कभी भी नहीं भर पाता। अगर लोभ की वासना प्रबल

है तो वह दूसरे जन्म में भी पीछा नहीं छोड़ती।

जिस मनुष्य को लोभ अपने वश में कर लेता है। उसका ज्ञान वह चुरा लेता है। लोभ को शांत करना है तो संतोष की शरण में जाना होगा।

मोह के आकर्षण में मत आना, क्योंकि मोह से तुम्हारा मन बँध जाएगा और बँधा हुआ मन तुमको बहुत दु:ख देगा। मन के दु:ख का कारण है 'अज्ञान'। मन में अगर अज्ञान है तो दु:खों से कभी भी छुटकारा नहीं हो सकेगा। बस एक सज्यक् ज्ञान ही है, जो तुमको परम-शांति और मोक्ष दे सकता है।

तुम अपने तन और मन में प्रेम तथा ज्ञान की ज्योति जला लो फिर तुम्हारे जन्म-जमांतर का अज्ञान मिट जाएगा। आज तुम मनुष्य-जन्म को धारण करके बैठे हो, इसका मतलब यह है कि तुम शांति और मोक्ष के अति निकट हो। अब तुम संसार में रहकर भी संसार के लगाव में फँसना मत। संसार के अज्ञान से दूर रहना, क्योंकि वह तुमको बाँध देगा। अपनी आत्मा का ध्यान करो, वह तुमको सर्व बँधनों से मुक्त कर देगा।

◻

बौद्ध-भिक्षुओं की जिज्ञासा

भगवान् बुद्ध से एक भिक्षु ने पूछा कि मैं सुखी होना चाहता हूँ, क्या करूँ? बुद्ध ने कहा कि तुम अपने मन से भोगों को निकाल दो। भोगों का लगाव तुझे सुखी होने नहीं देगा। भोगों से मित्रता मत करो। उनकी मित्रता तुमको नरक की ओर ले जाएगी। संसार के भोग, चोर के समान हैं। ये चोर तुझारी आयु को धीरे-धीरे नष्ट करते रहेंगे।

अपने मन से स्वार्थ की भावना को बिल्कुल निकाल दो। ऐसा करने से तुझारे मन में सज्यक्-ज्ञान उत्पन्न होगा। उस ज्ञान के सहारे तुम धीरे-धीरे वैराग्य को प्राप्त कर लोगे। वैराग्य सर्व सुखों का खजाना है।

एक भिक्षु ने पूछा कि मैं लोभ को मिटा नहीं पा रहा, भगवन्! मैं क्या करूँ? बुद्ध ने कहा कि तुम लोभ को एक सीमा में बाँध दो। इस अंकुश से उसकी शक्ति कम हो जाएगी। अगर लोभ से सावधान नहीं होगे तो जीवन दु:खों से भर जाएगा। लोभ एक प्रकार का फटा हुआ थैला है। उसको जितना भी भरोगे, वह भर नहीं पाएगा। लोभ एक प्रकार का नशा है। तुम कितना भी संग्रह करो, फिर भी तुझारा मन तृप्त नहीं हो सकता। लोभी-मन की भूख कभी भी मिट नहीं सकती।

संग्रह करना छोड़ दो, क्योंकि साथ में कुछ भी नहीं जाता है। बाँटना प्रारंभ कर दो। जितना-जितना बाँटते जाओगे, उतनी-उतनी शांति तुझारे पास आती जाएगी।

एक भिक्षु ने पूछा कि आत्मा कैसा है? बुद्ध ने कहा कि आत्मा आनंद है, आत्मा प्रेम है, आत्मा शांति है, आत्मा पूर्ण है, आत्मा निराकार

है, आत्मा सर्व व्यापक है, आत्मा तीनों कालों में नित्य है, आत्मा अजर-अमर है, आत्मा अद्वितीय है, आत्मा पुरातन है अर्थात् पुराने से भी पुराना होते हुए, नए से भी नया है। आत्मा स्त्री-पुरुष और पशु-पक्षी आदि सब जीवों में समाया हुआ है। वह सबका चेतन और सबका साक्षी है।

आत्मा सबका द्रष्टा है। आत्मा सब जीवों में विद्यमान है। वह सब जीवों का जन्म और मृत्यु भी देखता है। शरीर का बचपन, यौवन और बुढ़ापा भी देखता है। आत्मा स्वयं प्रकाश है, उसको किसी अन्य प्रकाश की जरूरत नहीं है। आत्मा निरंजन है, जिसमें नाम मात्र का भी मैल नहीं है। आत्मा विकारों से रहित है। आत्मा अविनाशी है और वह जन्म-मरण से रहित है। वह शाश्वत् है, अर्थात् सदा है। आत्मा न तो किसी को मारता है और न ही किसी के द्वारा मारा जाती है। आत्मा को शस्त्र नहीं काट सकते, इसको आग नहीं जला सकती, इसको पानी नहीं डुबो सकता और वायु नहीं सुखा सकता। आत्मा सनातन है अर्थात् वह सदा रहनेवाला अनादि है।

आत्मा तटस्थ है, आत्मा पूर्ण है और तृप्त है। आत्मा परम् पवित्र है। आत्मा को इंद्रियाँ, मन और बुद्धि नहीं जान सकते, इसलिए वह अव्यक्त है। आत्मा तो इन सबसे दूर है, इसलिए वह अचिंत्य है। आत्मा आश्चर्यमय है, क्योंकि उसको कोई विरला ही जान पाता है। आत्मा का अनुभव करना सबसे बड़ा कार्य है। आत्मा अवध्य है, क्योंकि उसका कभी भी किसी भी साधन से कोई भी नाश नहीं कर सकता। आत्मा सदा भरपूर और पूर्ण है। उसका जो अनुभव कर लेता है, वह आनंद को प्राप्त कर लेता है।

❏❏❏

www.ingramcontent.com/pod-product-compliance
Lightning Source LLC
Chambersburg PA
CBHW030129280226
40424CB00026B/1037/J